EL RÍO DEL OLVIDO

JULIO LLAMAZARES

EL RÍO DEL OLVIDO

Viaje

Seix Barral ⚚ Biblioteca Breve

Cubierta: foto de Agustín Berrueta

Primera edición: enero 1990
Segunda edición: febrero 1990
Tercera edición: marzo 1990
Cuarta edición: abril 1990
Quinta edición: mayo 1990
Sexta edición: septiembre 1990

© Julio Llamazares, 1990

Derechos exclusivos de edición en castellano
reservados para todo el mundo:
© 1990: Editorial Seix Barral, S. A.
Córcega, 270 - 08008 Barcelona

ISBN: 84-322-0615-6

Depósito legal: B. 34.979 - 1990

Impreso en España

Este libro está dedicado a Mariano Rubio, Ángel «Modoso» Segura y Juan Ramón Alonso, que hicieron con el viajero todo o parte del camino. Y a *Bruna*, que nació en el Curueño.

PAISAJE Y MEMORIA

El paisaje es memoria. Más allá de sus límites, el paisaje sostiene las huellas del pasado, reconstruye recuerdos, proyecta en la mirada las sombras de otro tiempo que sólo existe ya como reflejo de sí mismo en la memoria del viajero o del que, simplemente, sigue fiel a ese paisaje.

Para el hombre romántico, el paisaje es, además, la fuente originaria y principal de la melancolía. Símbolo de la muerte, de la fugacidad brutal del tiempo y de la vida —el paisaje es eterno y sobrevive en todo caso al que lo mira—, representa también ese escenario último en el que la desposesión y el vértigo y el miedo al infinito destruyen poco a poco la memoria del viajero —el hombre, en suma—, que sabe desde siempre que el camino que recorre no lleva a ningún sitio. Para el hombre romántico no es la mirada la que enferma ante el paisaje. Es el paisaje el que termina convirtiéndose en una enfermedad del corazón y del espíritu.

En esa convicción —y en la intuición lejana de que el paisaje y la memoria, en ocasiones, son lo mismo—, me eché un día al camino, en el verano de 1981, a recorrer a pie, desde su muerte hasta su origen, el río en torno al cual pasé todos los veranos de mi infancia y en cuyas aguas vi por vez primera reflejadas las sombras de los nogales y del olvido. Después de muchos años sin apenas regresar junto a su orilla, y de recordarle sólo por las imágenes de los ojos y por las fotografías, el Curueño, el legendario río de mi infancia, el solitario y verde río que atraviesa en vertical el corazón de la montaña leonesa, enhebrando en torno a él, en sus apenas cuarenta kilómetros de vida, otras tantas aldeas y posadas y toda una cultura, seguía atravesando los mismos escenarios y paisajes de mi infancia, pero yo ya no era el mismo. La memoria y el tiempo, mientras yo recordaba, se habían mutuamente destruido —como cuando dos ríos se unen— convirtiendo mis recuerdos en fantasmas y confirmando una vez más aquella vieja queja del viajero de que de nada sirve regresar a los orígenes porque, aunque los paisajes permanezcan inmutables, una mirada jamás se repite.

Durante algunos años, el cuaderno de aquel viaje fue conmigo de ciudad en ciudad y de olvido en olvido hasta que, un día, andando el tiempo, apareció en algún baúl, las hojas ya amarillas, cuando ni siquiera yo me acordaba ya quizá de que existía. La versión que de aquel viaje se ofrece en este libro no es, pues, sólo, la memoria del paisaje —los paisajes— del Curueño, sino también de la memoria del camino. Memoria de un paisaje que un buen día volví a ver con la sospecha de haber regresado a un río y a un mundo desconocidos y memoria de un camino que recorrí con la convicción cada vez más asentada de que los caminos más desconocidos son los que más cerca tenemos del corazón.

EL VIAJERO

La Mata de la Bérbula, verano de 1989

PRIMERA JORNADA

POR LA RIBERA, A CONTRACORRIENTE

Amanecer en León

Si el viajero fuera ordenado y serio, y su cuaderno de viaje un diario como Dios manda, este libro quizá pudiera permitirse algún mediano vuelo literario y empezar, por ejemplo, de este modo: «Son las ocho de la mañana de un claro y presumiblemente caluroso día de agosto y León, la vieja ciudad gótica varada como un barco entre dos ríos, dos caminos y, ya pronto, dos milenios, se despereza con desgana bajo el primer rayo de un sol que ya asoma su cabeza ensangrentada entre los altos pinos de La Candamia.» O bien: «A las ocho de la mañana, en León, las calles y las plazas aparecen aún desiertas, húmedas todavía por el rocío de la madrugada, y una neblina dulce se enreda en las choperas del Torío y entre los viejos tilos y los castaños de Indias de los jardines en los que una algarabía de pájaros ahoga con sus gritos los últimos sonidos de la noche, etcétera.»

Pero, como ni el viajero es ordenado, ni su cuaderno de viaje un diario como Dios manda, sino un montón de hojas llenas de tachaduras y apresurada y torpemente garabateadas, este libro ha de dejar a un lado los adornos literarios y comenzar su andadura de un modo más humilde y más prosaico: «Son las ocho de la mañana de un claro y presumiblemente caluroso día de agosto cuando el viajero, dormido todavía y con los ojos nublados por el sueño y la resaca, abandona León en su viejo vehículo descuadernado, entre el olor a café de los bares más madrugadores y las bicicletas de los obreros que acuden desde los barrios a sus trabajos en la ciudad...»

Ya en las afueras, el coche del viajero cruza el puente de piedra sobre el Torío, atraviesa por el centro el viejo arrabal judío de Puente Castro y, bordeando las tapias del manicomio y de alguna fábrica, se lanza casi sin fuerzas a coronar el portillo de La Candamia. El viajero va tan maltrecho que ni siquiera se para en el alto a contemplar la ciudad que ha dejado ahí abajo, sumergida en el humo y las brumas fluviales, o a buscar en su agenda los nombres de los santos que con él salen de viaje esta mañana. Con los ojos heridos por el sol y el corazón por el recuerdo de la cama que en León abandonó cuando más familiares y dulces comenzaban a hacérsele las sábanas, va quemando kilómetros como un autómata, entre terrenos baldíos y cementerios de coches abandonados, sin que se sepa muy bien si es él el que conduce su automóvil o es éste el que le conduce a él. Y en ese pensamiento y esa inercia, desandando hacia el este el Camino de Santiago, llega al cruce de Puente Villarente, el lugar en el que, antaño, los peregrinos descansaban antes de entrar en la ciudad y en el que el viajero ha de tomar la pequeña carretera secundaria que, remontando el curso del río Porma, le llevará hasta su unión con el Curueño en Ambasaguas.

La mañana está limpia, el aire es transparente y el coche del viajero, que ahora avanza hacia el norte en dirección a las montañas que ya cortan a lo lejos el perfil del horizonte, atraviesa despacio un paisaje sensual y melancólico, una tierra veteada de choperas, praderías, cultivos de forraje y plantaciones de lúpulo y de menta en los que se afanan ya los campesinos de los pueblos ribereños. Hatos de vacas contemplan impasibles en los prados el paso del viajero. Carros cansinos se cruzan con su coche por la carretera. Y, a lo lejos, siempre a su derecha, nubes de humo marcan en la distancia la presencia invisible de unos pueblos que el viajero sólo puede adivinar en los letreros que le van saliendo al paso a medida que avanza por la carretera: Santa Olaja, Secos, Santibáñez, Villafruela, San Cipriano, San Vicente, Villanueva, Vegas. Todos con el común y heráldico apellido del Condado. Todos alineados entre la carretera y el río y rodeados de choperas, como bastiones humildes de una grandeza agrícola y rural hoy ya en total e irreversible decadencia.

Al final, casi veinte kilómetros al norte, la carretera

traza su primera curva de importancia, se pierde brevemente entre unos chopos y descubre, al ganar otra vez
el horizonte, que la melancolía vegetal de la ribera se
ha quebrado de repente. El espigón de un monte ha
aparecido justo al frente, como si de la proa de un barco se tratase, abriendo en dos la fértil vega y formando
los dos brazos de la i griega que trazan, al juntarse, el
Porma y el Curueño. Aquí, yendo hacia el norte, se dividen los caminos y las aguas. Aquí se advierte ya, en el
paisaje y en el aire, la cercanía de la cordillera. Y aquí,
junto al puente de piedra que le separa de Ambasaguas
y por el que la carretera continúa hacia Boñar y hacia
la estación de esquí de San Isidro, está Barrio, la puerta de la ribera del Curueño y el primer punto de destino
del viajero.

En el puente de Ambasaguas

Barrio de Nuestra Señora, que tal es el nombre exacto e íntegro del pueblo (y que, por eso, ayer, 15 de agosto, víspera de la llegada del viajero, celebró su fiesta
grande, como en seguida se encargan de advertirle ban-
derolas y carteles), apiña su caserío sobre la margen
izquierda de la carretera, en torno a la que nace junto a
la boca misma del puente y que remonta en dirección a
La Vecilla la ribera del Curueño. Pero, en la principal
—la que al viajero le ha traído desde el cruce de Puente
Villarente—, un bar y un par de fondas han sentado sus
reales con la sana intención de aprovechar la encrucijada y el pontazgo.

Aún es pronto, sin embargo, para que tanto el bar
como las fondas hayan abierto ya sus puertas. Los vecinos del pueblo deben de andar ahora atendiendo a sus
trabajos en las cuadras o en el campo y los veraneantes
estarán durmiendo aún, y seguramente hasta muy tarde, la resaca de la fiesta. El viajero aparca, pues, su
coche junto a una de las fondas, contempla compungido
la soledad del pueblo y de la carretera y, con las piernas
flaqueándole por la debilidad y por el sueño, se encamina hacia el puente, resignado a hacer tiempo hasta que
el bar o alguna de las fondas se digne a abrir sus puertas.

13

Apoyado en el pretil está, contemplando cómo el río se desliza mansamente bajo el puente, cuando ve venir en dirección a él a un muchacho repeinado pedaleando despacio sobre su bicicleta. El viajero, al descubrirlo, se incorpora, endereza a duras penas la figura y espera a que se acerque.

—Oye, niño.

—Yo no soy un niño —protesta el otro, ofendido, acercándose al viajero.

—¿Ah, no? ¿Pues cuántos años tienes?

—Doce. Y hago trece en setiembre.

El viajero le mira sorprendido. La verdad es que, así, a primera vista, el niño (o lo que sea) no aparenta más de nueve. Pero, como, a esas edades, las fronteras son equívocas y él no es ningún experto en la materia, el viajero decide seguir preguntando y obviar todo tratamiento.

—¿Tú sabes dónde se juntan los dos ríos?

—Depende.

—¿Cómo que depende?

—Pues eso. Que depende.

—Que depende, ¿de qué?

—Pues de que le pregunte a uno de Barrio o a uno de Ambasaguas.

—Ah.

El viajero lo ignora, pero hace ya muchos años que Ambasaguas y Barrio, separados solamente por el río y unidos por el puente, se disputan el orgullo de acoger en sus términos el lugar de confluencia del Porma y el Curueño. Y, aun cuando toponímicamente al menos aquél haya logrado arrogarse de momento el privilegio, la disputa sigue siendo motivo de discordia y discusión entre los habitantes de ambos pueblos.

Pero el viajero lo ignora y, como, además, es dado a entrometerse, insiste en resolverlo.

—¿Tú de dónde eres?

—¿Yo? De Ambasaguas.

—O sea, que, según tú, se juntan en tu pueblo.

—Depende.

—Depende, ¿de qué?

—De qué lado esté del puente.

El niño (o lo que sea) no sólo no se encoge ante el

interrogatorio del viajero, sino que, a lo que se ve, además de aseado, es listo y diplomático. El niño (o lo que sea), desde el pretil del puente, le indica con la mano.

—¿Ve aquellos chopos? Pues un poco más abajo.

El viajero contempla la chopera que el niño (o lo que sea) le señala. Desde donde ellos están, debe de haber apenas ochocientos o mil metros. El viajero comprueba una vez más que las fondas y el bar siguen cerrados y decide acercarse hasta el lugar de la unión de los dos ríos y hacer tiempo hasta que aquéllos se dignen finalmente a abrir sus puertas. Al fin y al cabo, y puesto a andar de extremo a extremo el río Curueño, ése es exactamente el verdadero punto de partida de su viaje.

—¿Y por dónde se llega hasta allí abajo?

—Pues puede ir por el camino de Barrio o por el de Ambasaguas.

—¿Y por cuál se llega antes?

—Depende.

—Ya estamos.

—Es que depende, señor. No se enfade.

—Depende, ¿de qué?

—De lo rápido que ande.

Esta vez sí, el viajero se da definitivamente por vencido. Esta vez, ya, el viajero ha comprendido que también él debe actuar con diplomacia y, antes de que el niño (o lo que sea) siga hablando, se aleja por el puente hacia Ambasaguas sin volverse siquiera a dar las gracias.

La leyenda de Polma y Curienno

El Curueño, a estas alturas del verano, apenas lograría, por su cauce, la condición y el nombre de regato. El pedregal reseco por cuyo centro corre el río se extiende ante los ojos del viajero como un camino árido y desértico entre la fertilidad sensual de las praderas y los huertos ribereños. Nubes de mariposas reciben al viajero en sus orillas. Saltos intermitentes denuncian en los charcos el vuelo de las ranas asustadas por sus pasos. A medida que el puente va alejándose a su espalda, el río empieza a sumergirse entre una espesa selva de carrizos y espadañas. Atrás quedan también los viejos caserones de Ambasaguas y la impasibilidad azul de la cigüeña que, desde el campanario, contempla los tejados, inmóvil en su nido, sobre una sola pata. Atrás quedan las fondas y el coche del viajero y, en el pretil del puente, el flequillo del niño (o lo que sea), que continúa mirándole.

Río abajo, la maleza se espesa y el Curueño se deshace en multitud de brazos. Durante largo rato, el viajero, con las botas al hombro y una rama de chopo para ayudarse a franquear sin sobresaltos la corriente, atraviesa rabiones y tabladas atraído por el rumor creciente que llena la chopera. Es el Porma, que se acerca, caudaloso y soberbio aún en esta época del año. El sol se ha diluido entre las hojas de los árboles y la humedad se espesa formando con las sombras una única sustancia. El viajero, andando por el agua, contempla sobrecogido la soledad inmensa que, desde hace ya algún tiempo, le rodea. El viajero, definitivamente ya despierto, asiste maravillado al espectáculo que la naturaleza ofrece ahora solamente para él: el Porma y el Curueño están uniéndose debajo de sus pies.

Tumbado en la pradera, sobre la hierba tierna, con la cabeza apoyada en una bota y la mirada ausente, el viajero rememora la leyenda que enlaza el nacimiento de ambos ríos con los amores desgraciados de Polma y de Curienno. Esa vieja leyenda milenaria que Pedro de La Vecilla Castellanos, escritor torrencial y apasionado como los propios ríos que el viajero ahora contempla, recogiera hace ya siglos en su famoso *León de España* —uno de los escasos libros que Cervantes salvó de ir a la hoguera en el célebre escrutinio quijotesco del cura y el barbero—, y que relata cómo un bravo guerrero montañés, desesperado al conocer los esponsales forzosos de su amada con el cónsul romano Camoseco, se presentó en el campamento de León y, aprovechando la sorpresa y el estado de embriaguez en que se hallaban todos los invitados al banquete, la rescató y huyó con ella. Parece ser, no obstante, que el marido burlado no tardó en espantar la borrachera y que, despertando a sus soldados, persiguió a los dos amantes hasta darles alcance cuando éstos ya se habían refugiado en las montañas. En el pinar de Lillo, acorralado, Curienno mató a Polma para evitar que fuera hecha nuevamente prisionera y siguió huyendo por los montes hasta que, en Vegarada, a apenas ocho o diez kilómetros del sitio en el que Polma había quedado muerta, él mismo fue abatido por las flechas de los hombres del cónsul Camoseco. La leyenda termina relatando cómo las janas de las fuentes convirtieron en agua la sangre que manaba de los cuerpos de los dos amantes muertos dando origen a los ríos que, ahora, se abrazan otra vez al lado del viajero para seguir ya unidos para siempre hacia el inmenso océano donde reposan en paz, entre la espuma y el viento, todos los grandes amores y todas las grandes leyendas que en el mundo han sido y seguirán siendo por siempre, etcétera.

El arrullo del agua, el humo del cigarro, el silencio profundo y vegetal de la chopera... Tumbado junto al agua, el viajero poco a poco ha ido cayendo en una suave y dulce duermevela y su imaginación, libre al fin de las mazmorras corporales —y del estrago que la noche causó en ellas—, vuela fugaz hacia un paisaje de montañas y de fuentes encantadas, de legiones borrachas, de canciones de amor y ríos ensangrentados por la muerte. Tumbado junto al agua, en mitad de la chopera, el viajero poco a poco va quedándose dormido hasta que, de repente, la brasa del cigarro, que, consumido ya del todo, ha empezado a quemarle los dedos, le despierta.

Un desayuno inocente

En la fonda «*El Curueño*», cuando el viajero entra, sólo están la pareja de la Guardia Civil y el chófer del camión de recogida de la leche que se encuentra aparcado ante la puerta. En la fonda «*El Curueño*», cuando el viajero entra, sólo las ojeras de su dueño y un cartel de la «*Orquesta Suavecito*», en la pared, guardan recuerdo ya de la pasada fiesta.

El viajero, más por educación que por respeto, saluda a los presentes, se acomoda en una de las mesas y pide, cuando el dueño le pregunta, una botella de vino y un par de huevos fritos con jamón, a ser posible vuelta y vuelta. Su petición no sólo es aceptada, sino que sirve al mismo tiempo para alejar de su persona cualquier tipo de sospecha. Al menos, el de la leche pierde al pronto todo su interés y la pareja deja de mirarle como si fuera un asesino a sueldo. Quizá —piensa el viajero— los asesinos nunca piden huevos fritos con jamón cuando la Guardia Civil está presente.

Mientras devora tan copioso e inocente desayuno —que, luego, ya, recreándose en la suerte, completará con un café y una copa de aguardiente—, entra en la fonda el conductor del autobús que hace la línea entre Valdelugueros y León a lo largo de la ruta del Curueño. El autobús viene vacío, totalmente vacío, con el chófer como único viajero.

—Aforo completo —le saluda bromeando el de la leche.

El conductor del autobús pide un café y entra sin responder en el servicio. Cuando regresa, se acomoda en la barra, en el extremo opuesto a donde está apostado el de la leche, y se toma su café simulando concentrarse en la lectura del periódico. Parece claro que no está de buen humor esta mañana.

—Tienes que mirar el aire —insiste el de la leche—. Con tanto peso, traes las ruedas algo bajas.

El de la línea resiste la embestida sin acudir al trapo. Termina su café con parsimonia y, luego, cierra el periódico y les pregunta a los guardias:

—¿Ustedes van para abajo?

—No. Nosotros nos quedamos —dice el cabo.

Y, luego, señalando al viajero, más por entrometerse en su silencio que por contribuir al negocio de la empresa:

—A lo mejor, el señor...

El de la línea se vuelve hacia el viajero con un brillo de esperanza en la mirada. Parece un cazador olfateando al fin la pieza.

—No, no. Yo voy justamente en dirección contraria —se disculpa el viajero como puede—. Muchas gracias.

El otro se encoge de hombros, definitivamente resignado ya a su suerte. Paga su café y se despide con un gesto.

—Cuando llegues a León, no te olvides de mirar el aire —le apuñala todavía, cuando sale, el de la mala leche.

La casa de las corujas

«A LA VECILLA, 17 KM.»

El viajero se detiene ante el letrero y se vuelve por última vez a mirar su automóvil, que ha quedado esperándole a la sombra de un árbol, detrás de la fonda «*El Curueño*». No volverán ya a verse hasta que él vuelva. El viajero, mientras se aleja, piensa que un coche viejo es como un perro: se le coge cariño y siempre está esperando al dueño.

La carretera de La Vecilla es muy estrecha y avanza dando curvas entre las casas de Barrio. A veces, se estrecha tanto que parece imposible que el coche de la línea pueda pasar por ella sin llevarse una fachada por delante o quedarse empotrado entre dos paredes. Barrio, como la carretera, es un pueblo apretado y humilde, de adobe, piedra y teja. Algún portón antiguo rememora grandezas ya pasadas, pero, en lo general, enredaderas y ventanas unifican en su embozo la vida de unas gentes cuyos destinos e ilusiones, si es que existen, apenas se diferencian. En esto, tampoco el propio Barrio se distingue demasiado del resto de los pueblos que el viajero irá encontrando a lo largo del Curueño.

A la mitad del pueblo, sin embargo, la carretera se ensancha de repente, aprovechando que a uno de los lados ya no hay casas, y un camino de carros vadea la cuneta y una presa en dirección a la pradera donde, a juzgar por la hojarasca de papeles que se esparce por la hierba y por el entarimado del templete que aún se alza en un extremo, el día anterior debió de celebrarse el baile de la fiesta.

—No se moleste. Ya estuvieron hace un rato los chavales al *rebusque*.

Quien así habla dirigiéndose al viajero, al verle demorarse en la pradera, es una mujer joven que está haciendo la colada, de rodillas al borde de la presa. Aun así, el viajero encuentra todavía un caramelo escondido entre la hierba. Se lo enseña a la mujer y se lo tira desde lejos, con tan mala puntería que el caramelo cae al agua, perdiéndose al instante entre la espuma del jabón y la corriente. La mujer le sonríe, sin embargo, agradecida. El viajero piensa que, tal vez, hacía ya años que nadie le ofrecía un caramelo.

Casi al final del pueblo, en la última curva, el viajero se topa con un viejo y orgulloso caserón de piedra. El edificio, de doble planta y tejado a cuatro aguas, parece llevar abandonado mucho tiempo. Gruesos tableros protegen sus ventanas y plásticos ajados remiendan torpemente los destrozos que la lluvia ha ido causando en el tejado. Pero, entre los tableros y los plásticos, dos escudos nobiliarios sostienen todavía a duras penas los heráldicos sueños de la casa.

—Son bonitos, ¿verdad?

La que pregunta es una vieja que ha salido de un huerto con un cesto de hierba.

—Sí. Son bonitos —dice el viajero, reparando en su presencia.

—El cura dice que tienen trescientos o cuatrocientos años, por lo menos.

—Seguramente.

La vieja mira al viajero con desconfianza. La vieja, que no suelta un solo instante el cesto, examina al viajero atentamente, como si intentara averiguar quién se esconde realmente detrás de su silencio: si un historiador del arte que recorre los pueblos estudiando casonas e iglesias o un ladrón de antigüedades que valora de día las piezas que volverá a llevarse por la noche cuando todos duerman.

—El cura dice que tienen muchísimo valor —deja caer la vieja para ver si el viajero pica el anzuelo.

—Pues si lo dice el cura...

Por la carretera abajo, se acercan dos niñas rubias comiendo uvas. Con sus mandiles limpios, sus pequeñas coletas y sus racimos blancos en las manos, las dos niñas componen, al sol de la mañana, una estampa frutal y veraniega que al viajero le trae lejanos y nostálgicos recuerdos.

—En esa casa hay un fantasma —le confiesan a coro las dos niñas acercándose.

—¿Un fantasma?

—Sí. Por las noches se oyen ruidos y lamentos. Dice mi tía que es el alma de un fraile que ha vuelto a purgar un pecado desde el infierno.

—¡Bah! Bobadas —dice la vieja del cesto—. No haga caso.

Pero al viajero, obviamente, mucho más que los escudos, le interesan las ánimas en pena.

—¿Vosotras le habéis visto?

—¿Al fantasma?

—Claro.

—No. Pero le hemos oído muchas veces.

—Si no anduvieseis de noche por la calle —dice, recriminándolas, la vieja.

Y, luego, dirigiéndose al viajero:

—¿Sabe usted de qué son esos ruidos? De las corujas.

—¿Las corujas?

—Los cuervos. Han hecho nido dentro y chillan por la noche como si fueran almas en pena.

—A lo mejor —dice el viajero—, las corujas son almas en pena que han vuelto disfrazadas de pájaros desde el infierno.

Las niñas asienten en silencio agradeciéndole al viajero que se ponga de su parte. El viajero se despide guiñándoles un ojo y la vieja se queda con el cesto bajo el brazo, encorvada y sombría junto a las niñas, como si ella fuera realmente la coruja que por las noches chilla y se lamenta entre los muros del viejo caserón para asustar a los niños del pueblo.

Seguramente, esa noche, la vieja no durmió como otras noches. Seguramente, esa noche, mientras en Barrio sus vecinos roncaban confiados y las corujas o las ánimas en pena gemían con pavor entre los muros de la casa abandonada, la vieja permaneció despierta, vigilando, a la espera de ver la negra sombra del viajero surgir entre las sombras de la noche y trepar por la pared para llevarse esos escudos tan bonitos que el cura dice que tienen trescientos o cuatrocientos años, por lo menos.

De lucha leonesa

Camino de Barrillos, la mañana es azul y radiante. No hay una sola nube en todo el cielo y el sol brilla en lo alto haciendo resplandecer los prados y los campos

21

de trabajo que se suceden sin interrupción a ambos lados de la carretera. Hatos de vacas pastan entre las sebes con lenta e indiferente parsimonia. Algunas están tumbadas a la sombra de los árboles o a la vera húmeda y fresca de las presas y apenas si levantan sus cabezas para observar el paso del viajero. La ribera está llena de un resol vegetal y metálico. Dulces olores se mezclan y confunden en el aire y un rumor muy lejano llega desde los sotos por los que el río Curueño se desliza en dirección a su encuentro con el Porma.

El viajero camina despacio, absorto en la contemplación del cielo y del paisaje, sin darse cuenta apenas de que un hombre se le acerca por la espalda. Viene de Barrio, como él, y gasta zapatillas y sombrerón de paja.

—¡Buenos días!

—Nos dé Dios —acierta a responder el viajero justo cuando el otro le da alcance.

Tan religiosa respuesta por parte del viajero parece convencer al recién llegado de la bondad de su conversación y compañía mientras la carretera junte sus caminos y sus pasos. Faltan aún dos kilómetros hasta Barrillos, que es el pueblo a donde ambos se dirigen.

El hombre es alto y fuerte, pese a que, según confiesa, tiene ya setenta años. El hombre, que es guardia retirado y valenciano, pasa aquí todos sus veranos desde que, al acabar la guerra, destinado en el cuartel de Pardesivil para la persecución de los huidos que operaban por los montes del Curueño, cayó a su vez en la emboscada que hábilmente le tendió la dulce muchachita de Barrillos que hoy es su santa esposa. Por eso, dice, se entretiene en pasear ahora, ya sin peligro, la carretera y los caminos que tantas veces recorriera siendo joven viniendo a cortejar hasta Barrillos o persiguiendo en la noche a los del monte.

La conversación del valenciano es amena y fluida. La conversación del valenciano es un monólogo cerrado que nunca se interrumpe ni termina. Y, entre la conversación del valenciano y la contemplación del cielo y del paisaje, el viajero, cuando quiere darse cuenta, se encuentra ya a la vista de las primeras casas de Barrillos.

Barrillos de Curueño es pueblo próspero, quizá el más próspero, en términos agrícolas, de toda la ribera del Curueño. Barrillos tiene una amplia vega y buenas tierras de secano y, por la carretera, que, como en casi todos los pueblos del Curueño, hace también las veces de calle principal y de paseo, un sinfín de tractores y de carros van y vienen trayendo cereal hacia las eras. Todo el pueblo parece volcado, en esta calurosa mañana de verano, en las tareas de recolección de la cosecha. Todo el pueblo parece estar sumido en la pasión febril que recorre los campos y las eras. Pero siempre hay excepciones a la regla y éstas están, como no podía ser menos, en el bar donde recalan el ex guardia valenciano y el viajero buscando alivio al sol y al polvo de la carretera.

—Aquí se está bien —dice, a modo de saludo, el valenciano cuando entran.

—Mejor que fuera —responde un cura viejo que, ataviado de sotana rigurosa, comparte con otros dos veraneantes una de las dos únicas mesas.

Ellos son, junto con el dueño del local, las excepciones a la regla, las únicas cigarras que sestean ajenas por completo al hormigueo febril en que se halla sumido todo el pueblo.

El valenciano pide dos cervezas y le indica al viajero que se siente en la otra mesa. El bar es tan pequeño que no hay sitio para más.

—Estábamos aquí discutiendo de lucha leonesa —dice el cura, invitando al valenciano y al viajero a que se sumen a la gresca.

—¿Tú estuviste ayer en Vegaquemada? —le pregunta, a su vez, uno de los veraneantes buscando claramente apoyaturas a su tesis.

—No —se disculpa el valenciano—. Me eché a dormir la siesta y, cuando desperté, se me había hecho ya tarde. Pero oí decir que Paco tiró al de Santa Olaja.

—Y limpiamente. Le metió dos caídas que le dejó temblando.

—¡Ay, amigo! —exclama el valenciano—. Es que Paco es mucho Paco.

—Pues aquí dice —apostilla, señalando hacia el cura, el otro de los dos veraneantes— que no vale gran cosa. Ni él, ni su hermano.

El viajero asiste a la conversación, tomando su cerveza, muy callado. El viajero sabe, sí, qué es la lucha leonesa y que de lo que hablan es de un corro que la tarde anterior debió de celebrarse en otro pueblo. Pero, como no conoce a Paco ni entiende demasiado del asunto, asiste muy callado a la conversación, tomando su cerveza y escuchando en silencio.

—Lo digo y lo mantengo —apuesta el cura—. Si vosotros hubierais visto a los de Carbajosa... Aquello sí que era luchar. Finos como corales.

—¿Y Tino, el de Paradilla? —tercia el dueño del bar desde su parapeto.

—¡Bah! —el cura se emociona con tan sólo oír el nombre—. A Tinón —dice el cura, estirándose las mangas de la sotana— le vi yo un año, el día del Corpus, en La Vecilla, tirar a dieciséis tíos seguidos.

—Y sin cobrar un duro —apostilla el de la barra.

—Hombre, claro. Por un mazapán. Es que antes había afición. No como ahora, que cobran premios y hasta dietas y, en cuanto echan cuatro aluches seguidos, ya no pueden ni con los pantalones.

La discusión se extiende, cada vez más exaltada, con remisiones a la historia y alguna breve tregua para llenar o vaciar los vasos. Por un lado, están los dos veraneantes, partidarios de Paco y de su hermano y, por otro, el cura viejo, que, sin menospreciarlos, continúa pensando, como el dueño del bar, que, en la lucha leonesa, como en todo, cualquier tiempo pasado fue mejor.

—Pero si ahora —dice el dueño del bar, zanjando la cuestión— la mitad de ellos parecen maricones.

La sentencia del del bar resulta inapelable. El cura parece compartirla, pero, obviamente, elude suscribir de propia mano esas palabras. Y el viajero, que no entiende demasiado del asunto, pero que, de niño, cuando venía en los veranos a La Mata, acostumbraba a ir a los corros de la zona con su padre y recuerda todavía la imponente fortaleza de aquellos gigantescos gladiadores, apura su cerveza y se cuida muy mucho de decir nada al respecto. Sobre todo, sabiendo como sabe —por lo que ha oído en el bar y por lo que, por el camino, el valenciano le ha contado— que Barrillos es tierra de muchos y muy buenos luchadores y que alguno de ellos, el tal Paco por ejemplo, puede entrar en el bar en cualquier momento.

24

Máximo Getino Zotes, de Gallegos

Entre Barrillos y Gallegos hay apenas un kilómetro de carretera río arriba. En realidad, Gallegos, con su docena escasa de vecinos y sus cuatro corrales pegados al camino, bien pudiera ser un simple barrio de Barrillos si no fuera porque, a éste, su propio nombre se lo impide. Y, también, piensa el viajero, porque, entre Barrio y Barrillos, hay ya bastantes barrios juntos como para andar complicando aún más el mapa con cuestiones lingüísticas y menudencias administrativas.

Al viajero, en cualquier caso, le interesa mucho más la toponimia. No es que entienda gran cosa; pero sí sabe al menos que un nombre nunca es, por raro que parezca, un misterio insoluble y que, en los de los pueblos, se esconde muchas veces la clave de su historia y de su origen. Y, como, por lo demás, el del que ahora le ocupa no es precisamente el más difícil de todos los posibles, el viajero intenta imaginar cuándo y por qué llegaron a este sitio los gallegos a los que el pueblo debe el nombre y también, seguramente, su existencia. Tal vez, piensa mientras se acerca, el único que pueda ya decírselo sea ese viejo gordo, solemne, felicísimo, que, a la entrada del pueblo, se gradúa la vista leyendo el *ABC*, sentado en una silla.

Lo de que se gradúa la vista leyendo el *ABC* no es licencia literaria del viajero. El viejo de la silla está, en efecto, leyéndolo en voz alta —para que la mujer que lava cerca de él, de rodillas a la orilla de la presa, pueda oírle—, y, mientras va leyendo, mueve el periódico hacia atrás y hacia adelante como si estuviera en la consulta del oculista.

—Buena vista, sí señor —le saluda el viajero, sabiendo que con eso ha de halagarle.

El viejo, cuyo oído no debe de ir parejo con la vista y que, quizá por ello, no descubre al viajero hasta tenerlo encima, dobla el periódico y se le queda mirando con ese gesto inconfundible de quien prefiere claramente la conversación a la lectura.

—¿Cómo dice?

—Digo que tiene buena vista.

—¡Ah! —exclama el viejo, entendiéndole al fin y sonriendo—. No crea. Es que ya me lo sé prácticamente de memoria.

Y le enseña al viajero la fecha del periódico: 4 de agosto de 1981.

—Lo dejó aquí el panadero y, desde entonces, lo leo todos los días.

El viajero deja en el suelo su mochila y se sienta en el borde de la presa. Se está bien allí, a la sombra de los árboles y sintiendo a sus espaldas el murmullo y la humedad de la corriente. Hace ya largo rato que el mediodía se ha cumplido y, por la carretera, entre Barrillos y Gallegos, el sol le ha puesto ya al viajero las primeras banderillas.

—Se está bien aquí —exclama, recordando que eso mismo dijo el ex guardia valenciano al entrar en el bar de Barrillos.

—¿Cómo dice?

—Digo que se está bien aquí.

—Hombre, claro, mejor que trabajando.

El viejo de la silla se estira el pantalón y la mujer sonríe. No dice nada, pero, mientras lava, se ve que escucha todo lo que hablan.

—¿Usted sabe por qué se llama Gallegos este pueblo? —le pregunta el viajero al viejo encendiendo un cigarrillo.

El viejo le mira como si le acabase de preguntar la raíz cuadrada de 21. El viejo le ha entendido, pero, como no sabe la respuesta, busca apoyo en su tozudez de oído:

—¿Cómo dice?

—Digo que si sabe por qué se llama Gallegos este pueblo.

—Coño. De alguna forma tenía que llamarse, digo yo.

—Ya. Pero alguna razón habrá para que se llame Gallegos y no de otra manera —insiste el viajero por su parte.

El viejo mira a la mujer como pidiendo ayuda. Se estira nuevamente el pantalón y se rasca la cabeza, pensativo.

—Pues, aquí, gallego-gallego, lo que se dice gallego —dice después de pasar mentalmente repaso a todos sus vecinos—, no hay ninguno. Vamos, salvo que lo sea el que pregunta.

Gallego-gallego, lo que se dice gallego, en Gallegos de Curueño no hay ninguno. Pero, sin que el viajero haya podido darse cuenta, el viejo le ha devuelto la respuesta por pasiva, en el mejor estilo acostumbrado por el Miño, y, como quien no quiere la cosa, ahora es él el que pregunta.

—No, no, yo tampoco —se apresura el viajero a despejar sus dudas, como si ser gallego se hubiese convertido de pronto en un delito.

Por la carretera viene una furgoneta a gran velocidad, espantando a los pájaros y dando tumbos en las curvas. Aminora la marcha al entrar en el pueblo y se detiene finalmente junto a ellos haciendo sonar estridentemente el pito. Es el panadero de Ambasaguas, que, como todos los días, viene haciendo el reparto Curueño arriba.

En seguida, varias mujeres salen de sus casas y comienzan a acercarse atraídas por los pitidos.

—¿Qué, se está bien a la sombra? —saluda el panadero con envidia desde la ventanilla.

—Hombre, no se está mal del todo —responde el viejo, que esta vez sí ha oído a la primera, quizá porque el saludo es siempre el mismo.

Mientras el panadero atiende a las mujeres de Gallegos, el viajero se levanta y se ajusta nuevamente la mochila dispuesto a volver al camino. De buena gana le pediría al panadero que le subiese con él hasta Santa Colomba, su próximo destino, pero, al salir, se prometió a sí mismo hacer el viaje entero a pie y no es cosa de comenzar a transgredir ya esa promesa el primer día.

—¿Se va ya?

—Sí. Quiero llegar a comer a Santa Colomba y ya es más de la una.

—Bueno, pues encantado —se despide el viejo, estrechando la mano del viajero.

—Igualmente.

—Máximo Getino Zotes, para servirle.

Pero el viajero tiene aún para él una última pregunta antes de irse:

—¿Ese puente de ahí es romano?

—¿Cómo dice?

—Digo que si ese puente es romano.

—¡Quiá! —exclama el viejo, mirando el puentecillo de piedra que vadea la presa cerca de ellos, al lado de los árboles—. Ese puente es mucho más antiguo. Por lo menos, por lo menos, de cuando la morisma.

Y, luego, como si hiciera un gran esfuerzo para abarcar en su memoria la inmensidad del tiempo transcurrido:

—Bueno. Con decirle que mi abuelo lo conoció ya ahí...

Limosna para la Obra

Camino de Santa Colomba, el sol pega con fuerza y el viajero se arrastra con pena, arrimado a la orilla, esquivando el asfalto caliente y buscando en las sebes el frescor de una sombra que no existe. Camino de Santa Colomba, el calor es tan fuerte y tan descorazonadora la soledad del mediodía, que el viajero se arrepiente una y mil veces de no haberle pedido al panadero de Ambasaguas que le subiera con él en la furgoneta.

Pero, cuando le ve acercarse, asustando a los pájaros y aplastando con sus ruedas las burbujas de brea derretida, el viajero está ya a mitad del camino y decide dejarle pasar, sorprendido y ufano de su capacidad de sacrificio.

—¿Le subo? —le pregunta el panadero, reduciendo la marcha, al llegar a su altura.

—No, gracias. Me mareo mucho en las curvas.

Desde su soledad en la cuneta, como una sombra errante al borde del camino, el viajero le mira alejarse, sorprendido y ufano de su capacidad de sacrificio, pero decepcionado de que el otro no insistiera ni le dejara tiempo de arrepentirse.

Por fin, cerca ya de Santa Colomba, el viajero encuentra alivio en el pórtico en sombra de una ermita que levanta sus muros junto a la carretera. La ermita es pequeña y humilde y parece cerrada con llave desde el momento mismo en que pusieron la puerta. Pero, por el portal, pasa una presa, y el viajero aprovecha el descanso para refrescarse los pies y fumar un cigarro mientras intenta inútilmente descifrar la oscuridad del interior a través del ventanuco en el que alguien ha incrustado un cepillo de madera que pide al caminante «Limosna para la Obra».

Pecador y sacrílego, el viajero se entretiene, mientras fuma el cigarro, en jugar a la rana con el cepillo.

Santa Colomba, parada y fonda

En la tienda de Santa Colomba —un pequeño almacén de ultramarinos en el que las zapatillas y las velas comparten los estantes con las botellas de gaseosa y los paquetes de legumbres—, el viajero halla en seguida, además de una cerveza con la que desquitarse del polvo del camino, información precisa sobre las dos únicas cosas que, en ese instante, realmente le interesan de la vida: dónde comer y dónde hallar después quien le cuente alguna cosa de la ermita. Para lo primero, le remiten a la competencia, *mismamente a la vuelta de la esquina.* Para lo segundo, le encomiendan a don Anastasio, el párroco del pueblo, que vive en Pardesivil, dos pueblos más arriba, y que, según parece, lleva ya varios años estudiando la historia de la zona, si bien el propio dueño de la tienda le anticipa al viajero por su cuenta un dato de interés que, muy posiblemente, jamás le daría el cura: la ermita se llama de El Cristo, a cuya advocación está acogida (lo mismo que el cepillo), pero en el pueblo todos la conocen por la ermita de San Chupo. Lo que el dueño de la tienda no le aclara al viajero, por más que éste le insiste, es la razón de tan extraño y sospechoso apelativo.

A las dos de la tarde, el bar «Robles», *mismamente a la vuelta de la esquina*, está tan solitario como las propias calles de Santa Colomba. Un haz de luz entra por la ventana iluminando en diagonal las mesas más cercanas y proyectando en la pared el zumbido nervioso de las moscas que la llegada del viajero ha puesto bruscamente en movimiento.

Sin embargo, el viajero tiene que esperar mucho más tiempo a que algún representante de la empresa haga lo mismo.

—¿Qué quería? —le pregunta una niña, asomando

por fin al mostrador desde el fondo en penumbra del pasillo.

—Comer. En la tienda de la carretera me dijeron que aquí podría.

—Es que, ahora, no está mi madre en casa —se disculpa la niña, provocando en el viajero el primero de una serie de vahídos.

—¿Y dónde ha ido?

—No sé. Me parece que a la huerta.

El viajero olfatea con pena el olor a cocido que llega de la cocina y ensaya ante la niña un gesto lastimero y compungido. Pero la niña sigue en el mostrador, haciendo globos con un chicle, sin el menor asomo de que vaya a moverse de su sitio.

—¿Y tardará en volver?

—No sé. Según a lo que haya ido.

Desolado, el viajero pide una cerveza y un plato de aceitunas y se sienta en una de las mesas, al pie de la ventana, decidido a esperar lo que sea preciso. Al fin y al cabo, no tiene otra elección, salvo ponerse a pedir de casa en casa o arriesgarse a caer desmayado en medio del camino. Hasta Pardesivil no hallará ya más sitios donde poder comer, según le han advertido.

—¿Y tú no podrías ir a buscarla? —insinúa el viajero a la niña, sin demasiada esperanza, cuando ya ha terminado las aceitunas.

—¿A dónde?

—A la huerta. ¿A dónde va a ser?

La niña no dice ni sí ni no. La niña se encoge de hombros —al tiempo que hace explotar un globo con el chicle— y, luego, desaparece por el pasillo sin demasiadas prisas.

Por fin, tras una larga espera, aparece la madre limpiándose las manos en el borde del mandil. Es una mujer rolliza, de gruesos brazos blancos y aspecto de cocinar como la mismísima Virgen.

—¿Usted es el que quiere comer? —le pregunta al viajero a bocajarro a modo de saludo.

—Sí, señora.

La señora se apoya en el mostrador y se queda mirando al viajero sin ningún disimulo.

—¿Y qué es lo que quiere? —le pregunta nuevamente después de unos segundos.

—Hombre, depende —exclama el viajero, sorprendido por lo extenso, en apariencia, de la carta—. ¿Qué es lo que tiene?

Lo que la señora tiene no justifica en modo alguno la generosidad y la amplitud de su anterior pregunta. Lo que la señora tiene se reduce —como desde el principio el viajero ya temía— al consabido plato de fiambres y embutidos y a unas chuletas de cordero que le subió por la mañana el carnicero de Barrillos.

—¿Y el cocido? —pregunta el viajero, olfateando también sin ningún disimulo el magnífico olor que llega desde el fondo del pasillo.

—El cocido es sólo para los de la familia.

Antes de que el viajero insista, la señora se pierde por el fondo del pasillo y el viajero regresa a su sitio resignado a conformarse una vez más con el menú que a los viajeros les suelen reservar en las cocinas. El viajero está ya acostumbrado. El viajero es un lobo estepario que gusta de andar solo los caminos de la vida. Pero, a veces, como ahora, al viajero le gustaría también tener una mujer y una familia, aunque fuera tan sólo para poder comer cocido, igual que todo el mundo.

Poco a poco, a medida que la siesta va cayendo sobre el pueblo, y mientras el viajero devora sus chuletas de cordero y la ensalada de lechuga que la señora, en un gesto de largueza, le ha dejado compartir con la familia, van llegando al bar *Robles* los primeros vecinos. Saludan con un gesto a los que ya han llegado antes, desean cortésmente buen provecho al comensal desconocido, piden café y orujo y, luego, se distribuyen en grupos por las mesas para jugar la partida. Durante largo rato, el viajero los observa con una extraña mezcla de conmiseración y envidia. Todos, o casi todos, son hombres ya mayores y curtidos por los vientos de la vida. Todos muestran en sus manos las huellas de un trabajo que el viajero malamente aguantaría más de un día (y al que tendrán que regresar en cuanto acaben la partida). Todos tienen ese rostro impenetrable e inconfundible de quien ya hace mucho tiempo que no espera nada nuevo del futuro. Pero todos, a cambio, muestran ahora, en la quietud humilde y campesina de la siesta, mientras las cartas van y vienen de uno a otro y los cigarros difuminan sus miradas tras el humo, esa expresión de paz y esa serenidad de espíritu que —piensa el viajero— solamente se consiguen después de haber comido en casa un buen cocido.

El topo de La Mata

Entre Santa Colomba y La Mata, el siguiente pueblo del Curueño río arriba, hay apenas tres kilómetros, pero el viajero estuvo a punto de creer que no iban a acabarse nunca. Entre Santa Colomba y La Mata, el viajero tuvo tiempo más que suficiente para felicitarse una y mil veces de no tener familia: ¿qué sería ahora de él si, además de al camino, hubiese tenido que enfrentarse en plena siesta a la terrible digestión de un buen cocido?

Ya a la puerta del bar «*Robles*», el viajero se dio cuenta del inmenso favor que la señora de la casa le había hecho rechazando su ingreso temporal en la familia. Por las calles de Santa Colomba, el bochorno de la siesta era tan fuerte, tan espeso, que parecía como si el propio cielo se fuese a derretir encima de las tejas de las casas. Mas no por ello el viajero se arredró. Pese al calor insoportable de la hora —y a la absoluta soledad del pueblo y de la carretera (sólo un perro esquelético salió de un portalón a despedirle)—, el viajero se echó sin pensárselo dos veces en manos del destino y ahora camina ya a la vista de las primeras casas de La Mata, sin que en los tres kilómetros que lleva recorridos se haya vuelto a cruzar a nadie más, ni perro, ni persona, ni vehículo.

La Mata de Curueño (el apellido es importante en este caso, pues, en el mismo río, aguas arriba, hay otra Mata, la de la Bérbula, junto a La Vecilla, de la que el viajero desciende y donde pasó, con su familia, los primeros veranos de su vida) extiende su apretado caserío a la derecha de la carretera, entre la orilla de ésta y la del río. Un camino de tierra conduce hasta la plaza de la iglesia, solitaria y desierta como el patio de una cárcel en esta hora del día. En realidad, el pueblo entero está desierto y en silencio, aplastado por el paso de la siesta, como si sus vecinos estuvieran todos muertos y esos perros que dormitan a la puerta de las casas estuvieran vigilando únicamente el recuerdo de sus amos. Unos perros oscuros, somnolientos, que apenas si levantan un instante la cabeza para mirar con más indiferencia que interés a ese extraño caminante que se ha puesto a refrescarse en el chorro de la fuente de la plaza.

Después de refrescarse, y de fumar un cigarrillo a la sombra de la iglesia, el viajero se dedica a recorrer las calles de La Mata. Hace ya unos minutos que el reloj de la iglesia dio las cuatro, pero nadie le ha hecho el menor caso. Al parecer, todos siguen durmiendo detrás de las persianas y tardarán todavía un rato en levantarse. El viajero, después de dar la vuelta a todo el pueblo sin encontrar a nadie, está ya a punto de marcharse cuando, al doblar una esquina, al final de una calle, descubre de repente la presencia de un hombre sentado en una silla a la puerta de su casa. Debe de ser el único —aparte de los perros— que, mientras todos duermen, permanece despierto y vigilando las calles de La Mata.

En realidad, Eufemiano Díaz González, que ése es el nombre del solitario personaje, lleva despierto y vigilando muchos años. Sentado todo el día a la puerta de su casa, con las manos y las piernas dobladas por la artrosis y una extraña tristeza en su mirada, Eufemiano Díaz González es, en realidad, un fantasma que vigila en solitario las calles de La Mata desde que, una fría noche ya lejana de noviembre, allá por el año de 1937, regresara a su pueblo huyendo de la guerra. Una noche que, a pesar del largo tiempo transcurrido, Eufemiano Díaz González todavía no ha olvidado:

—Yo acababa de cumplir veintiséis años y venía por los montes desde Asturias, donde había luchado con los *rojos*. Por culpa de mi padre, ¿sabe usted?, que yo, entonces, vivía aquí, en el pueblo, y no sabía nada de política, y fue mi padre, que en paz descanse, el que, cuando estalló la guerra y había que alistarse, me dijo: Mira, Eufemiano, yo creo que lo mejor en estos casos es estar con el Gobierno. Y, por eso, que no por otra cosa, hice yo la guerra con los *rojos*, no porque me gustaran, fíjese usted, que lo primero que me hicieron fue meterme en la cárcel de Cármenes, con el cura de Villamanín, porque llevaba al cuello una medalla de la Virgen del Camino que me había puesto mi madre de pequeño. Cuatro días, no crea, que, como les hacía falta gente en las trincheras, en seguida me soltaron. Bueno, pues como le decía, yo volví aquí una noche, huyendo por los montes desde Asturias, donde me había cogido la caída del frente, en el monte Naranco. Me acuerdo que entré en el pueblo con las botas en la mano (para que los perros no me oyeran y empezaran a ladrarme) y llamé a esa ventana de ahí enfrente, que era la habitación donde dormían mis padres. Si llego a saber entonces lo que me esperaba en casa, ahí mismo, donde está usted, me había levantado aquella noche la tapa de los sesos de un disparo.

Eufemiano Díaz González fuma, mientras recuerda, el cigarro que el viajero acaba de encenderle y ponerle entre los labios. Eufemiano Díaz González, inmóvil en su silla como una estatua, tampoco puede mover, por culpa de la artrosis, los dedos de las manos. Una artrosis progresiva e irreversible que al viajero le sirvió para trabar conversación con él hace un instante (sin sospechar remotamente lo que, a partir de su pregunta, habría de escuchar) y cuyo origen está seguramente en los diez años que Eufemiano, según cuenta, permaneció enterrado vivo en la cuadra de su casa:

—Usted, claro, es muy joven y no conoció aquellos años. Y mejor para usted que no los conociese. Por menos de nada, le denunciaban a uno y le metían en la cárcel. Eso, si no le fusilaban, que, si había estado con los *rojos*, como yo, era lo más fácil. Así que, por si acaso, aquella noche, como le digo, yo me escondí en mi casa, en un desván que había encima de la cuadra. Pero las cosas cada vez se ponían peor. Sabían que muchos de los que estábamos en Asturias habíamos venido huyendo por los montes y empezaron a registrar los pueblos y las casas. Mi padre tenía miedo de que, en uno de esos registros, me encontraran, y una noche, poco tiempo después de que yo llegara, cavamos una fosa en una esquina de la cuadra para esconderme allí hasta ver qué pasaba con la guerra y si las cosas se calmaban. Era una fosa estrecha y larga. Como una sepultura, para que se imagine. Ya no me acuerdo bien, porque hace muchos años ya que la tapamos, pero calculo que tendría unos dos metros de largo por ochenta centímetros de ancho y otros tantos más o menos de profundidad. Yo me metía allí dentro y mi padre o mi hermano me tapaban con un tablero desde arriba. Después, esparcían el abono de las vacas por encima y aquello quedaba perfectamente camuflado. Bueno, con decirle que en más de una ocasión estuvieron los guardias encima del tablero cuando venían a registrar la casa y no sospecharon nada... Pero era muy jodido. Hay que vivirlo, ¿sabe usted? Hay que vivirlo para saber lo que es estar diez años enterrado. Dése cuenta, además, de que yo tenía que estar siempre tumbado boca arriba o boca abajo, porque, de lado, pegaba en el tablero y no podía ponerme. Incluso, a veces, cuando me cansaba de estar en una postura, para darme la vuelta las pasaba moradas. Pero lo peor era el calor, ¿sabe usted? El calor y la humedad. Algunas veces, cuando entierran a alguien en el pueblo, hay quien dice: ¡vaya frío que debe de estar pasando esta noche Fulano! Y yo le digo: frío no, calor; calor es lo que está pasando. Porque, debajo de tierra, lo que se pasa es calor, ¿sabe usted? Calor y humedad. Me acuerdo que una vez un vecino se puso a regar un huerto que hay ahí, detrás de mi casa, pegado a la cuadra, y el agua sumió y empezó a llenar la fosa hasta el punto de que pensé que me ahogaba. Tuve que empujar con todas mis fuerzas con los pies y las manos para poder salir de allí. Porque el tablero yo no podía levantarlo solo fácilmente, ¿sabe usted? Por las noches, por ejemplo, que era cuando salía para comer y estirar un poco las piernas por la cuadra, si todo estaba en calma y los guardias no andaban al acecho, tenía que esperar a que viniera alguien de mi familia para que me ayudara a levantar el tablero desde arriba...

Eufemiano se ha parado en este punto para mirar al hombre que acaba de asomarse a la puerta de una casa, al otro lado de la calle. Eufemiano se ha parado en su relato, pero el viajero continúa en silencio frente a él, sin dejar de mirarle y sin saber aún si Eufemiano está soñando, o loco, o muerto, como durante más de diez años sus vecinos realmente le pensaron:

—Cuando salí del agujero y me entregué —continúa Eufemiano, retomando el hilo de su historia en cuanto el hombre que acaba de asomarse vuelve dentro de su casa—, hubo algunos, como ese que se acaba de esconder, que por poco se desmayan. Gente que me había denunciado, o que, mientras yo estaba escondido, había hablado demasiado. Ése, por ejemplo, iba al cuartel día sí y día no a decir a los guardias que yo estaba en mi casa, que por las noches oía ruidos en la cuadra. ¡Qué cojones iba a oír! Ya tenía yo buen cuidado. Pero, claro, al momento ya estaban aquí los guardias a buscarme. Por eso, ahora, ¿no ha visto?, no se atreve ni a acercarse. Ahora es él el que se esconde. Pero pierda cuidado, tenga usted por seguro que nos está escuchando... Bueno, pues eso, lo que le decía, que el día que me entregué hubo algunos que casi se desmayan. Y los que más los guardias. Me acuerdo que me llevaron al cuartel de Pardesivil, un cuartel que habían puesto sólo para mí, ya ve usted, un cuartel sólo para mí, que nunca le hice daño a nadie, y la prueba es que me juzgaron y me dejaron libre sin cargos (aunque, eso sí, si, en lugar de entregarme, me cogen escondido el día antes en la cuadra, allí mismo me cosen a balazos), y empezaron a hacerme preguntas y preguntas porque no acababan de creerse que hubiese estado ahí escondido diez años en la cuadra. Diez años. Se dice pronto, pero hay que pasarlos. Total, que aquella noche la pasé en el cuartel y, al día siguiente, me llevaron a León en el tren de La Vecilla. Pero la noticia, por lo visto, había corrido más que nosotros y había mucha gente en la estación esperando a ver a un *rojo* de verdad. Me acuerdo que gritaban: ¡Miradle! ¡Miradle! ¡Aquél es! ¡Mirad qué blanco está! Porque yo, de estar tanto tiempo enterrado, no era rojo, sino blanco, ¿sabe usted? De estar tanto tiempo enterrado, me había quedado blanco como un muerto.

Eufemiano sonríe todavía al recordarlo. Eufemiano sonríe con tristeza y le indica al viajero que le quite la colilla de los labios, señalando con un gesto sus dedos retorcidos e incapaces:

—Es de la humedad, ¿sabe?

Mientras el viajero permanecía ensimismado escuchando la increíble aventura de Eufemiano, el cielo ha ido cubriéndose de negros nubarrones y la tarde se ha tornado amenazante. No es que el cielo quisiera subrayar de esa manera los dramáticos recuerdos de Eufemiano. Es que el calor se ha ido espesando poco a poco, convirtiendo la atmósfera en un barril de pólvora y el sol en una mecha a punto de incendiarlo, y, ahora, camino de Pardesivil, el viajero olfatea ya a lo lejos la tormenta que desciende río abajo. Ciertamente, el bochorno era excesivo para estas altas tierras de montaña.

Aun así, el viajero llega a Pardesivil antes de que la nube se desate. Pardesivil, un pueblo estrecho y largo como un túnel (desde Santa Colomba, y a partir, sobre todo, de La Mata, la ribera no ha dejado de estrecharse), se recuesta en un recodo del camino, contra el monte, y recibe al viajero con una animación inesperada. Son ya las cinco y media de la tarde y, por si fuera poco, la amenaza de tormenta ha puesto en pie de guerra a todo el pueblo. Hay que poner a salvo el cereal segado antes de que la lluvia lo estropee.

En la primera casa, sin embargo, el viajero saluda a dos mujeres que cosen a la puerta sin que, aparentemente, parezcan preocupadas por la proximidad de la tormenta. Tras ellas, en la fachada delantera de la casa, una placa de mármol explica al caminante que allí nació el Venerable Padre Aniceto Fernández, General de la Orden Dominica. A juzgar por la edad de las mujeres, y dado que no parece fácil que un fraile dominico, y más un general, tuviera hijas, el viajero deduce que éstas deben de ser hermanas o sobrinas.

—Sí, señor —confirma con orgullo la mayor, respondiendo a su pregunta—. Yo soy hermana. Y ésta, sobrina. Y ese que ve usted ahí, sobrino nieto.

Ese al que la señora se refiere es un niño de tres o cuatro meses, rubio como la paja y rollizo como un pan de mantequilla, que patea en una cuna, junto a las dos mujeres, con los brazos abiertos y estirados hacia el cielo en el mejor estilo de los predicadores dominicos.

Seguramente, deben de estar ya preparándole para que, cuando sea mayor, siga los pasos de su tío.

El que, evidentemente, no está de ningún modo preparado es el viajero. Ni para predicar, ni para que le prediquen. Pero, cogido por sorpresa y sin reflejos suficientes para escapar al chaparrón que se le viene encima, aguanta estoicamente, de pie junto a la verja, la larga y detallada relación que de la vida y los milagros del Padre Aniceto le hacen su hermana y su sobrina. De la vida y milagros del Padre Aniceto y de las de, al menos, otros diez o doce frailes, casi todos dominicos, nacidos y criados en el pueblo en lo que va de siglo. Ciertamente, el agua de Pardesivil debe de estar bendita.

Cuando por fin logra escapar, el viajero se dirige hacia el centro del pueblo y se mete de cabeza en la cantina. Necesita un buen trago, y no precisamente de agua, para poder asimilar tanta doctrina.

La dueña, una mujer todavía joven que también está cosiendo a la luz de la ventana junto con otras tres vecinas, le sirve una cerveza y, tras preguntarle si desea alguna cosa más, vuelve a su sitio. El viajero se acomoda en una de las mesas y busca su cuaderno en la mochila para tomar algunas notas de lo que en su primera jornada de camino le ha ocurrido.

—¿Qué? ¿Es usted periodista? —se decide finalmente a preguntarle la mayor de las mujeres, después de observarle unos minutos e interpretando sin duda los deseos de sus tres compañeras de costura.

—Un poco —responde el viajero, esbozando la mejor de sus sonrisas.

—Pues a ver si pone en el periódico que nos suban las pensiones a las viudas. Que, lo que es a mí, no me llega ni para el caldo de las sopas.

La vieja se ríe abiertamente, secundada por sus tres compañeras de costura. Es una mujer delgada, de facciones hermosas y piel extraordinariamente lisa, pese a que ya debe de andar por los setenta y muchos.

—Bueno, bueno. Lo pondré —dice el viajero—. ¿Cómo se llama usted?

La vieja se pone en guardia al instante, aunque sin dejar de reírse:

—¿Por qué?

—Por nada. Por saberlo.

Pero la vieja no se fía. Pese a que fue ella misma la que se lo insinuó al viajero, tiene miedo de ver su nombre escrito en un periódico pidiendo que les suban las pensiones a las viudas.

Al final, después de mucho hacerse de rogar, acaba concediendo:

—Regina.

—Regina, ¿qué?

La vieja vuelve a reírse. Mira a sus compañeras de costura, que asisten sin intervenir a la conversación, claramente divertidas.

—Regina. ¿No le vale con Regina?

—No. No me vale.

La vieja duda un instante. Se alisa el pelo con la mano y regresa a su costura, aunque sin dejar de mirar al viajero de reojo por encima de las gafas, con una irónica y tímida sonrisa.

—Regina Patis —dice después de pensarlo unos segundos.

El viajero lo apunta en su cuaderno —aunque sabe que es mentira—, mientras Regina y sus amigas se mueren de la risa.

El criptocura de Pardesivil

Mientras el viajero continúa con sus notas, entra en el bar Manolo, el gaseosero de La Vecilla, que viene haciendo el reparto de gaseosas y refrescos Curueño arriba.

El viajero, que ya empieza a acusar los kilómetros andados y que teme, además, que la tormenta que se anuncia le sorprenda en campo abierto, le encomienda a Manolo (al que conoce desde niño, cuando, por los veranos, su padre le bajaba de La Mata a La Vecilla para que viera cómo Manolo hacía las gaseosas en aquella vieja fábrica llena de émbolos y tubos que las multinacionales y los años convirtieron en reliquia) que le suba la mochila en el camión hasta La Cándana, donde piensa concluir su primera jornada de camino, y, luego, se encamina hacia la casa rectoral, siguiendo la recomendación del dueño de la tienda de Santa Colomba y las indicaciones de Regina y sus amigas.

La casa de don Anastasio, el párroco de Pardesivil y de otros dos o tres pueblos vecinos, está cerca del bar, en la margen derecha de la carretera y hacia la mitad, más o menos, del pueblo. Es una casa baja, pequeña, totalmente encalada y con la puerta y las ventanas cerradas por completo. Está tan silenciosa y tan cerrada que parece que hace tiempo que nadie vive en ella.

Pero, en seguida, una mujer de mediana edad, totalmente de luto, abre la puerta respondiendo a sus llamadas.

—¿Está don Anastasio?

—Sí —responde la mujer, después de inspeccionar sin disimulo el aspecto y las presuntas intenciones del viajero.

—¿Podría verle un momento?

La mujer cierra la puerta, sin decir ni sí ni no, y se sumerge nuevamente en las profundidades interiores de la casa. El viajero espera afuera, calculando por los pasos las medidas del pasillo y tratando inútilmente de escuchar lo que hablan dentro, hasta que, al rato, la puerta vuelve a abrirse y la mujer le anuncia, muy solemne, que su hermano está dispuesto a recibirle.

El hermano, un hombre flaco y pálido, de unos cincuenta años, con gruesas gafas negras y labio escueto y frío, le recibe en su despacho, silencioso y oscuro como toda la casa y presidido en la pared por un enorme crucifijo. La ventana está cerrada a cal y canto —como si don Anastasio tratara de ese modo de ocultarse a la curiosidad de sus vecinos—, pero un flexo amarillo y macilento ilumina la pequeña habitación dándole un extraño aspecto, mezcla de refugio antiaéreo y sacristía:

—Usted dirá.

Ni siquiera le ha invitado a sentarse. No sólo el cura no ha salido a recibirle hasta la puerta, sino que ni siquiera le ha ofrecido una silla (ni, por supuesto, se ha levantado él, a saludarle, de la suya). Parapetado tras la mesa en la que se amontonan en desorden misales y papeles bajo el flexo, el cura observa al viajero con el recelo propio de quien oculta algo importante y, por eso, vive día y noche en catacumba.

Pero lo único que al cura le preocupa, y no lo oculta —o al menos no con la habilidad que desearía—, es que alguien se entrometa en sus estudios acerca de la historia de los pueblos de su feligresía. Unos estudios a los que, como ya dijo al viajero el dueño de la tienda de Santa Colomba a mediodía, don Anastasio ha dedicado varios años de trabajo y muchas horas revolviendo los legajos y los libros de las distintas sacristías. Así que, cuando el viajero le pregunta por la historia de la ermita de *San Chupo* y por la de las ruinas del castillo que, según Regina Patis, se conservan todavía en un cerro junto al río, el cura se revuelve visiblemente incómodo en su silla, cala las gafas, carraspea, se ajusta por enésima vez el alzacuellos y comienza un discurso lo suficientemente hermético, incoherente y críptico como para que, al acabar, el viajero no haya entendido nada, absolutamente nada, de lo que el cura ha dicho.

—¿Y cuántos años dice usted que lleva investigando? —le pregunta el viajero cuando termina.

—Algunos —dice el cura, sin bajar la guardia ni siquiera en este punto.

—Pues siga, siga, no le robo más tiempo. Ya leeré su libro cuando lo publique.

Atardecer en Sopeña

El viajero, de nuevo ya en la calle, respira hondo y se zambulle en el relumbre de la tarde como si regresara a flor de tierra desde el fondo de una mina. La tormenta está ahora suspendida sobre el pueblo, se cuelga como un trapo de los postes y los árboles, llena con su luz negra los corrales y los huertos de las casas. Pero, en comparación con la penumbra medieval que había en la del cura, al viajero, que siempre es optimista, la tarde le parece luminosa y brillante como un amanecer en una playa del Caribe.

—¿Cree que lloverá? —le pregunta, pese a todo, a una mujer que está tendiendo ropa en una cuerda.

—Según le dé —responde ella, encogiéndose de hombros y haciendo un alto en su trabajo para mirar el cielo.

—Pues, como llueva, se le va a mojar la ropa.

Pero no llueve. Por fortuna para ambos, la tormenta no descarga (poco a poco, además, el viento va alejándola en dirección al río), lo que permite a la mujer seguir tendiendo la colada sin problemas y al viajero recorrer los dos kilómetros escasos que le separan de Sopeña.

El viajero no es el único, no obstante, que esta tarde se ha atrevido a enfrentarse a la tormenta. Mucho antes ya de que él lo hiciera, Leonardo Getino, jubilado, de 79 años para 80, salió de Pardesivil dando un paseo y, ahora, viene ya dando la vuelta. Leonardo Getino, jubilado, de 79 años para 80, que, aunque nació en Pardesivil, vive ahora en la ciudad, en una Residencia, está de vacaciones en su pueblo y sube todas las tardes paseando hasta Sopeña:

—Y, algunos días, dos veces —precisa don Leonardo, orgulloso de sus piernas.

El viajero, que también lo está a su modo de las suyas (de momento, le han traído desde Barrio hasta Sopeña), decide darles un descanso y se sienta en la cuneta a fumar un cigarrillo.

—¿Ve aquella casa de allí, la primera del pueblo? —le dice don Leonardo con ganas de dar la hebra.

—¿La de la carretera?

—Sí, ésa.

El viajero asiente con un gesto y don Leonardo baja la voz como si le fuera a hacer una importante confidencia:

—La dueña, que es de mi tiempo, se ha casado con un viudo que estaba conmigo en la Residencia.

—¿Y cuántos años tiene él?

—Joven. Mucho más joven que ella.

—Hay gente que no escarmienta.

Pero don Leonardo no parece compartir la opinión en este punto del viajero:

—No. Si no es que no escarmiente. Es que ella —dice, frotándose los dedos—, tiene perras.

Don Leonardo le sonríe con malicia mientras contempla la casa que, según sus sospechas, un día heredará su antiguo compañero de Residencia. Don Leonardo le sonríe con malicia y, luego, continúa su camino, hacia Pardesivil, orgulloso de sus piernas.

Pero no todo el mundo es tan interesado y malpensado como él. Al lado mismo de la casa señalada, en el camino de entrada a Sopeña, un hombre que regresa con sus vacas hacia el pueblo le regala al viajero el perro lobo que acaba de despertar su admiración y sus elogios por su destreza para hacer que una vaca rezagada se pusiese a la altura de las otras.

—¿Y para qué quiero yo un perro?

—Coño. Para que le cuide la casa.

—Hombre. Si me regala también la casa... —le sugiere el viajero, consciente de que él nunca tendrá tanta suerte como el antiguo compañero de don Leonardo en la Residencia.

Caminando junto al hombre y junto al perro, que cada poco se adelanta hasta las vacas para cumplir con disciplina militar las órdenes del dueño, el viajero deja atrás la carretera, cruza el puente sobre el río —que, en este punto, baja por el centro de la vega— y llega finalmente hasta la plaza de Sopeña.

La plaza de Sopeña, pasada ya hace rato la amenaza de tormenta y con las primeras sombras de la noche deslizándose ya desde los montes, está tomada ahora por un ruidoso enjambre de chiquillos que juegan a esconderse en las esquinas de las casas o se persiguen dando vueltas en sus nuevas y flamantes bicicletas. En la plaza de Sopeña, la tarde está cayendo y los niños, cada poco, tienen que interrumpir sus carreras y sus juegos para dejar pasar a las vacas que regresan de los prados con las ubres hinchadas por el peso de la leche.

—Bueno, ¿qué? ¿Se queda entonces con el perro?

—No sé. Pregúnteselo a él.

Pero el perro sabe bien quién es su dueño. El perro sabe bien a quién ha de obedecer y qué casa ha de guardar y, como, además, ahora, está muy ocupado vigilando que las vacas no se espanten con los gritos y carreras de los niños y deshagan la perfecta formación que traían desde el puente, ni siquiera se despide del viajero. Y el viajero, sin casa que heredar, ni perro que la guarde ni le ladre, se sienta en una piedra a contemplar los juegos de los niños y el regreso de las vacas mientras la tarde cae un día más, con melancólica y redonda lentitud, sobre la plaza y los tejados de Sopeña.

El pajar de La Cándana

Es ya noche cerrada cuando el viajero avista al fin las luces de La Cándana, último de los pueblos de la ribera del Curueño subiendo por el río y destino final de su andadura en este su primer día de viaje.

Desde Sopeña, y siguiendo los consejos del del perro, el viajero, en lugar de por la carretera, ha venido por un nuevo camino: el que remonta por su izquierda el río Curueño, atravesando entre alambradas los campos de cultivo, y que es, al parecer, el que siempre se usó para ir de un pueblo a otro hasta que la Diputación construyó la carretera por la margen derecha del Curueño. Hoy, ese viejo camino ya solamente tiene una función agrícola y nadie apenas lo transita, y menos por la noche. Pero, andando por él, el viajero disfrutó de uno de los paisajes más hermosos y apacibles de cuantos pudo ver —y fueron muchos— a lo largo de su viaje por el río: a un lado y otro, los campos de cultivo; más allá, el monte bajo; y, al fondo, con la noche cayendo mansamente sobre ellas, las imponentes moles blancas de las peñas que cierran por el norte como un muro el valle de La Vecilla.

Guiándose por el río y por las luces, el viajero consigue, sin embargo, llegar hasta La Cándana y se dirige de inmediato al bar «La Pluma», que es el lugar en que Manolo, el gaseosero, le dijo en Pardesivil que le dejaría la mochila.

La mochila, en efecto, está en el bar «La Pluma», un local nuevo, junto a la carretera, con un gran rótulo de luz encima de la puerta y el mostrador lleno de gente que, tras cenar en casa con los suyos, se ha acercado hasta el bar para tomar el último café antes de irse a la cama o de acercarse a tomar una copa a La Vecilla. El viajero no es el único, no obstante, que, a esta hora de la noche, todavía no ha cenado. En un extremo de la barra, cuando el viajero entra en el bar, dos viejos conocidos suyos, el frutero de La Cándana y el carnicero de La Vecilla (a los que todavía recuerda vendiendo por las calles de La Mata sus productos en sus viejas camionetas ambulantes, cuando él era niño), se disponen a dar cuenta mano a mano de la fuente de hígado guisado que la señora de la casa acaba de sacar de la cocina.

Lo de que están dispuestos a dar cuenta *mano a mano* de la fuente no es broma de mal gusto ni licencia literaria del viajero. El viajero siempre admiró al frutero de La Cándana por su especial destreza para conducir la camioneta o sostener la balanza de la fruta con una sola mano (obligado como estaba a mantener siempre la otra, imitación postiza de la que un cohete le había reventado siendo niño, completamente inmóvil y estirada) y, ahora, al reencontrarle nuevamente al cabo de los años, y al comprobar que continúa conservando el buen humor y la destreza del pasado, vuelve a sentir por él la misma admiración que cuando antiguamente le veía pasar vendiendo fruta por las calles de La Mata. Lo de que están dispuestos a dar cuenta *mano a mano* de la fuente se refiere a que ni el carnicero ni el frutero parecen muy dispuestos a compartir con nadie el hígado guisado.

—No. No hay más —le confiesa al viajero la señora cuando éste le pregunta—. Ese hígado lo trajo el carnicero por la tarde para que se lo preparara para ellos. Aquí, en realidad, no damos cenas ni comidas.

El viajero, desolado, mira con decepción el hígado guisado de los otros mientras recuerda el cocido que, en Santa Colomba, a mediodía, tampoco pudo comer por no ser de la familia. El viajero mira con decepción el hígado guisado y se dispone a conformarse, una vez más, con los fiambres y embutidos que a los viajeros como él les suelen reservar en las cocinas del camino.

—Hombre. Si tiene mucha hambre, le puedo hacer una ensalada de tomate con lechuga.

—¿Y una tortilla? —pregunta sin demasiadas esperanzas el viajero, que ya que no puede tener acceso al hígado guisado de los otros, desearía por lo menos comer algo caliente para tratar de proteger el suyo.

—Bueno —concede la señora—. Pero tendrá que esperar un poco.

Lo que la señora llama «un poco» se convierte, al final, en más de media hora. Media hora larga de espera interminable en la que, de manera sucesiva, el viajero va pasando por todos los estados de ánimo posibles (de la resignación a la ansiedad y de la desesperación a la impotencia) y que da tiempo al carnicero y al frutero a terminar el hígado, tomar café y orujo y encender, con el deleite inconfundible de quien se siente en ese instante el más feliz del mundo, dos enormes *monte-cristos*.

Poco a poco, a medida que la noche va pasando, y mientras el viajero devora triste y solo su ensalada y su tortilla en una esquina, el bar se va animando y las canciones y las risas empiezan a aflorar, sobre todo por la parte de la barra en la que están los dos del hígado. El viajero les mira muy callado, ocupado como está con la ensalada y la tortilla, pero, cuando termina de cenar, restablecido ya por la comida y por el vino, se acerca al mostrador, dispuesto a celebrar también él su primera jornada de camino.

—Está usted invitado —le dice la señora cuando le trae lo que ha pedido.

Y le señala al carnicero y al frutero, que le sonríen desde lejos, demostrándole así que, a pesar de los años, le han reconocido.

—A su salud —agradece el viajero, acercándose al extremo de la barra a saludarles.

Pero la invitación del carnicero y el frutero no se acaba en esa copa. La invitación del carnicero y el frutero sigue en pie toda la noche, sin que al viajero le dejen pagar nunca, ni le permitan siquiera hacer amago de intentarlo, y, a las tres de la mañana, perdida ya la cuenta de las copas que ha tomado, el viajero abandona el bar «La Pluma» arrastrando las botas y convertido ya en íntimo amigo de los otros. Viene también con ellos Alfredito, el menor de los hijos del frutero, que ha llegado hasta el bar a buscar a su padre y que, a sus trece años, cuenta ya, entre otras hazañas, la de correr delante de los trenes por la vía, conducir como un experto camionero la camioneta de la fruta de su padre y tumbarse en el medio de la carretera debajo de una caja de cartón —«de las de los plátanos»— para ver si los coches la aplastan o la esquivan.

A la puerta del bar, el carnicero se despide (el carnicero ha de subir aún a La Vecilla y, cuando llegue a casa, ponerse a preparar la carne de mañana) y el viajero continúa con el frutero y con su hijo hasta su casa, que es la última, por un camino oscuro y empinado, de La Cándana. El hombre, a falta de camas libres en su casa, le ha ofrecido el pajar y Alfredito le acompaña. Por la escalera de la cuadra, a la luz de la linterna de Alfredito, el viajero consigue a duras penas trepar hasta lo alto. Pero, luego, Alfredito se va con la linterna y el viajero, al intentar buscar su saco en la mochila, se da con la cabeza contra una de las vigas y sè queda dormido al instante, encima de la paja, sin necesidad de saco ni de manta, ni de acogerse siquiera, para conciliar el sueño, a los muchos kilómetros que hoy lleva recorridos.

SEGUNDA JORNADA

EL VALLE DE LA VECILLA

Concierto de gallos

A las nueve de la mañana, apenas transcurridas cinco horas desde el golpe con la viga y sin haber tenido tiempo aún de reponerse, el viajero se despierta de repente, envuelto en una gran algarabía.

Desde el amanecer, el viajero ha estado oyéndoles en sueños, cantando en la escalera y peleándose, pero, rendido como estaba, exhausto por la larga caminata del día antes, ha seguido durmiendo, tumbado entre la paja, sin hacerles ningún caso. Desde el amanecer, el viajero ha estado oyéndoles en sueños, sin hacerles ningún caso, pero, ahora, con los vecinos levantados y hablando por la calle y el sol entrando ya por la ventana de la cuadra, parece como si todos los gallos de La Cándana estuvieran cantando dentro de ella.

Al viajero le duele la cabeza. No sabe si es del golpe con la viga, o del sueño, o del cansancio, pero al viajero le duele la cabeza e, inmóvil en la paja, con los ojos cerrados, permanece en silencio todavía en un desesperado intento por volver a conciliar el sueño. Pero el concierto de los gallos cada vez es más ruidoso, se clava en su cerebro como una interminable sucesión de picotazos, y, al final, no tiene otro remedio que abandonar el pajar y salir a la calle, cruzando, para ello, por la cuadra donde están todos los gallos. De buena gana, si pudiera, les cogería a uno por uno y les retorcería el pescuezo.

En la fuente del pueblo, desnudo de cintura para arriba, el viajero mete el suyo bajo el agua, y luego, se dirige nuevamente al bar «*La Pluma*», que está enfrente de la fuente y ya ha vuelto a abrir sus puertas.

—Un café —le dice a la señora, a modo de saludo, cuando entra.

—Descafeinado —responde la señora, mostrándole la cafetera, que todavía está apagada.

—Si no hay otro remedio...

No lo hay. Así que la señora le trae el descafeinado con un plato de galletas —«para que entone el cuerpo»— y el viajero se sienta en una mesa para tomar algunas notas mientras desayuna. Desde Pardesivil, no había vuelto a escribir nada en su cuaderno.

Las galletas, al contrario de lo que dijo la señora, no sólo no le entonan, ni el ánimo ni el cuerpo, sino que le devuelven, además, el recuerdo de aquellos desayunos de cuando estudiaba interno en un colegio. Y, como, por otra parte, los gallos continúan taladrándole el cerebro, cantando sin cesar en todo el pueblo, el viajero empieza a sospechar que, como no se vaya pronto de La Cándana, acabará por estallarle la cabeza.

—Oiga —le dice a la señora, guardando nuevamente su cuaderno—. ¿Cuántos gallos hay en este pueblo?

—Muchos, muchos —responde la señora, que sin duda está ya acostumbrada a estos conciertos—. ¿Nunca ha oído usted hablar de los gallos de La Cándana?

—Pues mire, no. Les oigo a ellos, que es bastante.

Por la cara que ha puesto la señora, el viajero deduce que, de nuevo, ha vuelto a decir algo inconveniente. Por la cara que ha puesto la señora y porque, de repente, el viajero ha recordado que estos gallos son los mismos que los que cada mañana de verano le despertaban, cuando niño, cantando en los corrales y tejados de La Mata. Unos gallos pequeños, arrogantes, de origen legendario y misterioso y condición bravía y pendenciera —como el viajero ha podido volver a comprobar en el pajar esta mañana—, cuya cría endogámica en cuatro pueblos del Curueño (Aviados, Campohermoso, La Cándana y La Mata), se halla ya documentada en viejos manuscritos medievales y cuyas plumas son muy cotizadas, por su diversidad cromática y su brillo, para la fabricación de anzuelos con cebo artificial entre los pescadores de río de todo el mundo.

—Pues estos gallos son muy famosos —le dice la señora, ignorando que el viajero ya lo sabe desde niño.

Y, para demostrárselo, va a la cocina y regresa al instante con una caja llena de recortes de periódicos.

—Mire, mire. Hasta en Francia —le dice—, han salido en las revistas.

Mientras ojea los recortes, el viajero recuerda a las mujeres de La Mata (a Marucha, a Socorro, a Inés, a Feliciana, a Carola la de Nino) sentadas a la puerta de sus casas, desplumando a los gallos en las tardes de verano, como depositarias de un arte matriarcal y milenario transmitido como un rito a lo largo de los siglos. El viajero las ve aún sentadas en sus sillas, con los gallos sujetos fuertemente entre las piernas, arrancándoles las plumas una a una, y piensa, arrepentido, si estos gallos que ahora oye a través de la ventana —y los que en el pajar le despertaron hace un rato— no serán aquellos mismos, que han vuelto desde el fondo de los ríos para saludarle, como entonces, con sus cantos en su regreso a los paisajes de una infancia ya perdida.

Postal aérea

Por la carretera arriba, camino de La Vecilla, el viajero deja atrás los tejados de La Cándana, pero los gallos le acompañan todavía largo trecho con sus cánticos. Cantan en los tejados, subidos a las tapias, en las ventanas de las cuadras y en las ramas más bajas de los árboles. Por la carretera arriba, el viajero va alejándose, pero no deja de oírles hasta que, al doblar una curva, lejos ya de La Cándana, los gallos enmudecen de repente como si, al perderse al otro lado de la curva, el viajero les hubiese despistado. Lo cual, unido a que el camino avanza ahora entre árboles, y a que la mañana está limpia y brillante como una porcelana, le permite al viajero olvidar poco a poco su dolor de cabeza y disfrutar nuevamente del hermoso paisaje que ya anoche pudo ver viniendo de Sopeña hacia La Cándana.

Desde Sopeña, y a partir sobre todo de La Cándana, la ribera del Curueño ha ido estrechándose, como si de un embudo o un cuello de botella se tratara, hasta acabar convirtiéndose, a la altura del lugar por el que ahora va el viajero, prácticamente en un barranco. A derecha y a izquierda, los montes que a lo largo de toda la ribera venían flanqueando las choperas y los prados se han ido aproximando hasta dejar tan sólo en medio un mínimo pasillo por el que, a duras penas, consigue abrirse paso el río. Pero, a pesar de ello, sobre los chopos y los montes, más allá de la ladera por la que ahora, sin espacio, se ve obligada a trepar la carretera, el viajero puede ver, como anoche viniendo de Sopeña hacia La Cándana, las imponentes moles blancas de las peñas que bordean por el norte el valle de La Vecilla. Ya más rotundas. Más cercanas. Casi al alcance de su mano.

Si el viajero fuese ahora en ese avión que sobrevuela de este a oeste, a gran altura, las montañas, podría ver también, en todo el esplendor de la mañana de verano, la hermosa y verde hoya circular que el río Curueño, como una gran serpiente prehistórica que en la noche de los tiempos hubiese devorado entero un sapo y se hubiese quedado aletargada en ese instante, abre al pie de esas montañas, tras su peregrinaje tortuoso entre las peñas que desde su nacimiento ha tenido que ir rompiendo para poder abrirse paso y antes de adelgazarse nuevamente entre los montes que le conducirán y escoltarán por la ribera hasta su confluencia con el Porma en Ambasaguas. Vería también las tejas rojas de los pueblos que, en círculo perfecto, contemplan sus tabladas y meandros y se reparten, solidarios, sus riberas y sus aguas: La Vecilla en el centro, en el medio del valle, extendiendo sus casas a lo largo del río y su capitalidad judicial y geográfica hacia los cuatro puntos cardinales; Otero y Ranedo al este, por donde el sol se asoma al valle cada mañana; Valdepiélago al norte, junto a La Mata, encaramada ya, como el viajero sabe bien, a la ladera de la montaña; y Campohermoso y Aviados al oeste, camino de La Valcueva y Matallana. Y vería, atravesando en horizontal, como otra gran serpiente prehistórica, el río y el valle, la negra línea del ferrocarril minero que une estas altas tierras del Curueño con León y con Bilbao bordeando por el sur toda la Cordillera Cantábrica.

Pero, como el viajero no va ahora en ese avión, sino que marcha aprisionado entre los montes de La Cándana, aunque ve las montañas, no logra ver el valle, ni los pueblos, ni la gran serpiente negra del ferrocarril minero, hasta que, al doblar una curva, al final de una cuesta, descubre de repente frente a sí, al lado mismo de la carretera, las tapias cenicientas y sombrías y las cruces de mármol de un cementerio.

La cárcel de La Vecilla

El cementerio de La Vecilla, al lado mismo de la carretera, es lo primero que el viajero ve del pueblo, pero no es, pese a sus grandes dimensiones, el signo principal de su grandeza. La Vecilla, como el viajero sabe bien, es la capital y el corazón del valle del Curueño y, además de un amplio y espacioso cementerio, tiene estación de tren, y fondas, y juzgado, y, hasta hace poco tiempo, incluso cárcel para encerrar a los furtivos y a los presos. Un viejo torreón de la Edad Media que le recibe también a la entrada del pueblo, tachonado de rejas y casi cayéndose.

Desde hace algunos años (desde que La Vecilla, por su propia y progresiva decadencia, perdió su condición de cabecera judicial del histórico partido de su nombre), el viejo torreón que los condes de Luna construyeran hace ya cinco siglos para la defensa y el gobierno de las tierras del Curueño arrastra su soledad y su abandono junto a la carretera convertido en refugio de ratas y en pasto de las zarzas. Pero tiempos hubo, y no lejanos, en los que este viejo torreón abandonado fue cárcel preventiva del distrito y calabozo del ayuntamiento y el viajero recuerda todavía su temor a asomarse a las rejas cuando, de niño, bajaba de La Mata a La Vecilla a hacer algún recado o a bañarse en el río a la sombra del puente. Recuerda, por ejemplo, el día en que trajeron a encerrar, entre la expectación de los vecinos de toda la comarca, a la mujer que, con ayuda de su amante, mató a golpes al marido y le arrojó al pantano de Boñar con una enorme piedra atada al cuello. Recuerda las miradas de los presos asomados a las rejas y recuerda, sobre todo, al *tío* Marceliano, el carcelero, encargado de darles la comida y vigilarles, e inventor, sin saberlo, en la humilde prisión de La Vecilla, en los años sesenta, de las cárceles de régimen abierto que todavía tardarían algún tiempo en implantarse en toda España legalmente. En época de siega, el *tío* Marceliano, que, además de carcelero, trabajaba el campo, se llevaba con él a los presos más dóciles para que le ayudaran a segar y a recoger la hierba; labor que éstos hacían de buen grado en tanto que les posibilitaba cuando menos la ocasión de salir del calabozo y de estirar las piernas y que al *tío* Marceliano le servía, por su parte, para descargarse de gran parte del trabajo de la siega y recogida de la hierba.

Pero el *tío* Marceliano, el carcelero, ya se ha muerto y el viejo torreón de La Vecilla, vacío y abandonado, se desmorona poco a poco bajo el peso de los años sin que a los niños que ahora juegan en la plaza les dé miedo acercarse a sus ventanas. La gente viene y va tomando el sol o paseando amablemente al lado de sus rejas y el viajero, que nunca lo había hecho hasta el momento, se asoma a una de ellas —tal vez la misma en la que la mujer del crimen del pantano estuvo presa— y, durante largo rato, escucha, sin ver nada, las carreras asustadas de las ratas entre el polvo y las raíces de las zarzas.

Asturias, patria querida

En la cantina de *Chana*, un viejo bar de mostrador corrido y largas estanterías de madera en el que el viajero recala después de deambular por La Vecilla largo rato, varios hombres entretienen la mañana ajenos por completo a la pasión solar de sus vecinos y a la proximidad del torreón y de las ratas. La mayoría son asturianos, que están pasando en La Vecilla sus vacaciones de verano y que hacen tiempo hasta la hora de comer tomando el sol embotellado que les sirve cada poco la mujer de Chana:

—A ver, Socorro, llena estos vasos, *o'*, que no somos de secano.

La Vecilla, como el viajero sabe bien, es centro veraniego de importancia. Anclada como un barco al pie de las montañas, con aire puro y fresco y limpias aguas, La Vecilla dobla su población cada verano, gracias, principalmente, a la gran afluencia de asturianos. Unos, los tradicionales, los que llevan ya viniendo a La Vecilla muchos años, han construido sus chalets en La Estación, el nuevo barrio surgido en torno a la del tren y separados apenas un kilómetro del pueblo, en el norte del valle. Otros, los más humildes, o los que sólo vienen de cuando en cuando, se instalan en el pueblo en casas compartidas con los dueños o alquiladas. Son normalmente trabajadores de las minas, que vienen a León a curarse del polvo del carbón y de las largas lluvias asturianas, como estos que ahora están en *Casa Chana*.

El viajero, que hace ya muchos años que no entraba en *Casa Chana*, le pide a la señora una cerveza y se sienta al otro extremo de la mesa que recorre el local de lado a lado siguiendo la pared de la ventana. Es una larga mesa de madera, gastada por los codos y los vasos, que, además de alejarle, le permite al viajero escuchar discretamente, mientras bebe su cerveza, la conversación de los asturianos. Son cuatro, de edad mediana, tocados con viseras y sombreros veraniegos y vestidos con amplísimas camisas que no logran, sin embargo, enmascarar sus enormes estómagos hinchados por el largo ejercicio de los años:

—A ver, Socorro, llena estos vasos, *o'*, que nos secamos.

Socorro, la mujer de *Chana* (que, como buen cartero, andará ahora repartiendo el correo en su *Land Rover* por los pueblos de la montaña), va y viene cada poco llenándoles los vasos mientras sostiene con ellos la vieja y patriótica disputa de todos los veranos: si la asturiana es, como ellos pretenden, una raza distinta y superior al resto de las razas, o leoneses y asturianos son, por el contrario, y como dice el refrán, primos hermanos. Los asturianos alegan en favor de la grandeza de su patria, además de la belleza inigualable de sus valles y montañas, la constatación fehaciente y probada de que la sidra y la fabada no saben de igual modo a un lado y otro del Pajares. Y Socorro, que, pese a la ventaja de jugar en campo propio, defiende ahora el honor de su provincia y de su pueblo en solitario, contrarresta el ataque por su parte con el único argumento que le deja el exaltado patriotismo de los representantes del país de Don Pelayo:

—Pues, si tan bien se está en Asturias —dice, mientras les llena los vasos—, no sé a qué coño venís a La Vecilla cada año.

—A daros de comer a los cazurros —le responden a coro los cuatro asturianos.

Mientras el viajero escribe al otro extremo de la mesa lo que los gallos de La Cándana apenas le dejaron iniciar esta mañana, la discusión se extiende, cada vez más enconada, por los mismos derroteros y argumentos de todos los veranos. Los asturianos insisten en la vieja sentencia de que Asturias es España y el resto tierra conquistada y Socorro —la bayeta en la mano— se defiende diciendo que León es, en efecto, una provincia conquistada, pero no por los moros, sino por los borrachos asturianos. Pero la sangre no llega al río. Aunque los argumentos no parezcan, ciertamente, diplomáticos, la sangre no llega al río porque, detrás de ellos, lo único que hay es una antigua y amistosa pelea de vecinos y, en el caso concreto de los que ahora están en *Casa Chana*, las simples ganas de pasar el rato. Al final, unos y otros se saben condenados a vivir eternamente juntos a un lado y otro del Pajares (y a compartir en La Vecilla el sol y el vino algunos días al año) y, en el fondo, todos ellos son conscientes de que no podrían vivir sin la eterna y patriótica disputa de todos los veranos. Por eso, la mujer sigue llenándoles los vasos (pese a que los asturianos digan que no hay vino en el mundo que le iguale a la sidra que se hace al otro lado del Pajares) y, por eso, unos y otros volverán a encontrarse por la tarde para seguir discutiendo si la asturiana es una raza distinta y superior al resto de las razas, o leoneses y asturianos son, por el contrario, y como dice el refrán, primos hermanos. Y, así, un día y otro día, hasta que el calendario, irremisible y justiciero, marque el uno de setiembre e interrumpa la disputa hasta el próximo verano.

—A ver, Socorro, llena estos vasos, o'. Que marchamos.

Por la carretera de Boñar, el viajero, acabada su cerveza, camina ahora hacia Otero entre los campesinos que regresan a comer desde los campos y los veraneantes que pasean junto al río o se bañan al sol en las pozas del puente.

Es la una del mediodía. El sol está en lo alto y, por la carretera, el viajero va mirando los chopos del camino mientras recuerda con nostalgia aquellos días en los que, con su familia, entraba en La Vecilla, camino de La Mata, por este mismo puente. La furgoneta de Cayo, el taxista de Olleros, el poblado minero en el que su padre estaba entonces destinado de maestro, venía atestada de paquetes y maletas en los que su familia trasladaba cada año, al principio y al final del verano, en viaje de ida y vuelta, prácticamente la casa entera. Entonces, los veranos duraban cuatro meses, en La Mata no había tienda ni comercio —y los que había en La Vecilla, sin coche, estaban lejos— y había que traer, meticulosamente empaquetado y embalado, todo lo necesario para pasar ese tiempo. La furgoneta de Cayo, después de varias horas de camino, llegaba a La Vecilla dando tumbos por el peso y el viajero recuerda que, al entrar en el puente, los perros les salían al encuentro y les seguían ladrando por el pueblo, pegados a las ruedas, como si, en lugar de la pacífica familia del maestro, fueran unos vagabundos o una banda de delincuentes.

Ahora, sin embargo, los perros de La Vecilla están comiendo, la furgoneta de Cayo dormirá en algún sitio el largo sueño rojo del óxido y el tiempo y, por la carretera, el viajero no encuentra quien le ayude a llevar la mochila ni le salga a ladrar a las piernas. Modernos y flamantes automóviles van y vienen, mirándole al pasar como si fuera un vagabundo o un delincuente, mientras él va subiendo las cuestas que trepan hacia Otero dando curvas de serpiente. Desde donde ahora camina, el viajero puede ver ya todo el valle, abierto ante sus ojos como ante los de los pasajeros del avión que lo cruzó de parte a parte esta mañana por el cielo: La Vecilla ahí abajo, dividida en dos barrios (el del antiguo pueblo y el de la estación del tren que corre ahora a lo lejos, entre los chopos y los cables del tendido eléctrico); Campohermoso y Aviados al oeste, apenas dibujados por el sol en la distancia; Otero y Ranedo al este, sobre las cuestas que el viajero va subiendo; y, en el norte del valle, justo frente a sus ojos, el puente de Valdepiélago y los tejados borrosos de las casas de La Mata, en una de las cuales, en este momento, sus padres estarán seguramente ya comiendo.

Azuzado por el sol y por el hambre, el viajero deja a un lado los recuerdos y, trepando por la cuesta, llega a Otero justo a tiempo de poder hacer lo mismo en el bar que alguien ha abierto en la pequeña urbanización surgida a la orilla del pueblo y de la carretera. *«La Dama de Arintero»* se llama el restaurante y, aunque parezca milagroso, sus dueños no establecen distinciones entre los de la familia y los viajeros.

—¿Quién fue la Dama de Arintero? —le pregunta el viajero al dueño de la casa mientras contempla, emocionado, el plato de lentejas que éste acaba de dejarle encima de la mesa.

—¿La Dama de Arintero? —repite el hombre la pregunta, como si nunca nadie se hubiera interesado hasta este instante por el nombre del letrero—. Pues una. Una que, según dicen, debía de tenerlos muy bien puestos.

—Como la cocinera —considera el viajero por su parte, probando las lentejas.

El hombre va a sentarse en otra mesa y, mientras el viajero come, le cuenta lo que sabe de la dama que da nombre a su negocio y al letrero. Una mujer bravía, oriunda de una aldea de los montes del Curueño, que, para evitar que su padre, ya anciano, tuviese que ir a la guerra, se disfrazó de hombre y acudió en nombre de él a la llamada de los reyes. La mujer, ciertamente, *debía de tenerlos muy bien puestos*, porque, según el dueño del local que lleva ahora su enseña, no sólo fue a la guerra, sino que, al parecer, por su bravura y valentía en el campo de batalla, llegó a ser capitana del ejército.

—¿Y no la descubrieron?

—Sí. Pero después de mucho tiempo —dice el hombre—. Un día, según cuentan, luchando cuerpo a cuerpo, se le rompió la camisa y se le salió una teta y todos empezaron a gritar: «¡Mujer hay en la guerra! ¡Mujer hay en la guerra!»

—¿Y...? —pregunta el viajero, impaciente, terminando las lentejas.

—Y nada. Que la mataron —dice el hombre, recogiéndole el plato y yendo a la cocina a buscar el siguiente.

El siguiente es un guiso de ternera con patatas que muy bien podría haberlo cocinado la mismísima Dama de Arintero. Un guiso de ternera sabroso y humeante que llena de vapor la mesa y los cristales y que al viajero, cansado del camino —y con el sueño acumulado por culpa de los gallos de La Cándana—, le deja poco a poco amodorrado, sin fuerzas suficientes para seguir escuchando las hazañas de la Dama de Arintero, que el dueño del local sigue contándole.

—De todos modos —escucha que le dice cuando acaba—, si va para arriba, se lo contarán mejor en Arintero.

Pero el viajero no tiene fuerzas ya para llegar siquiera a Otero. Tambaleándose, abandona el restaurante, cruza como un sonámbulo la carretera y, en la misma cuneta, debajo de un nogal, se desploma en la hierba y se duerme al instante, ajeno por completo al ruido de los coches que pasan a su lado, casi rozándole con las ruedas.

El Señorito de Otero

Cae la tarde cuando el viajero se despierta. Se desliza ya el sol en dirección a Campohermoso cuando el viajero recobra nuevamente la conciencia después de varias horas durmiendo a pierna suelta. Tres horas justas tumbado boca arriba, como un muerto, soñando con el crimen del pantano y con la Dama de Arintero (que, en el sueño, iba a la guerra, no a caballo, sino en la furgoneta de Cayo, junto con los cuatro asturianos y el *tío* Marceliano, el carcelero), sin oír el ruido de los coches ni a las gallinas que, durante todo ese tiempo, han estado picoteando por su lado entre la hierba.

El viajero se despierta abotargado. El viajero ha dormido tan profunda y ferozmente que le cuesta abandonar las catacumbas por las que su imaginación y su memoria han estado divagando hasta este instante. Y, como el sol le impide abrir los párpados (mientras el viajero dormía, la sombra del nogal ha ido corriéndose hacia un lado hasta dejarle totalmente a la intemperie), permanece tumbado, con los ojos cerrados, incapaz de abandonar su somnolencia. Pero los coches continúan pasando por su lado, las gallinas prosiguen su búsqueda incesante por la era y, como, por otra parte, comienza ya a notar los bordes de las piedras que, durante todo el tiempo, ha tenido clavadas en su espalda, el viajero, al final, no tiene otro remedio que hacer un gran esfuerzo y levantarse.

Tambaleándose, abotargado por el sol y por el sueño, el viajero cruza la era y se interna en el pueblo con pasos de sonámbulo, como cuando hace ya tres horas abandonó «*La Dama de Arintero*». Durante largo rato, deambula entre las casas buscando alguna fuente donde poder meterse de cabeza para ver si, de ese modo, consigue despejarse del rebufo de la siesta. Las lentejas le pesan todavía en el estómago como si hiciera solamente unos minutos que se hubiese levantado de la mesa y los ojos se le cierran, incapaces de absorber toda la luz que incendia las callejas y los árboles de Otero. Pero, por fin, halla una fuente. El pilón está en lo alto de una cuesta, entre la carretera y las paredes centenarias de una casa solariega. Con sus últimas fuerzas, el viajero trepa el alto de la cuesta y, como un explorador perdido en medio del desierto, se quita la camisa y entierra la cabeza bajo el agua hasta que los pulmones empiezan a avisarle de que, si sigue así más tiempo, en vez de despertarse, lo que de verdad va a conseguir es ahogarse.

Sentado junto al caño, con el frescor del agua lamiéndole la espalda, el viajero, que empieza poco a poco a reaccionar, contempla los escudos de la casa solariega. Desde lo alto de la cuesta, no puede ver sus armas ni su enseña («*A los Ordases llevamos / En nuestras coronas reales / Que aún los propios animales / De sus glorias nos holgamos*», podrá leer más tarde en uno de ellos), pero intuye, en la arrogancia de sus torres, y en las arcadas y dinteles de sus puertas, la importancia de la casa y su nobleza. Sin duda debe de ser la del Señorito de Otero, de la que también le habló, mientras comía, el dueño de «*La Dama de Arintero*».

Por el portalón abierto, el viajero se asoma al patio de la casa con recelo. No es la primera vez —en La Vecilla, esta mañana, sin ir más lejos— que tiene que salir huyendo de algún perro por entrar, sin llamar, en casa ajena. Pero, en la del Señorito, no parece haber ningún perro. O no lo hay, o está durmiendo, como todo el mundo parece estar haciendo ahora en Otero. Solamente unas gallinas picotean en el patio, ajenas por completo a la presencia del viajero, y un ruido extraño y persistente, como de un motor pequeño, rompe en alguna parte la quietud absoluta de la casa en esta hora ya tardía de la siesta.

—¿Se puede?

Las gallinas le miran un instante, como extrañadas de que alguien ande ahora por la calle en lugar de estar durmiendo; pero nadie parece haberle oído, aparte de ellas.

—¿Se puede?

Silencio. Un silencio profundo, cuajado, amarillento, quebrado solamente por el ruido del motor que el viajero sigue oyendo.

El viajero está ya a punto de marcharse, convencido de que allí todo el mundo está durmiendo, cuando, de repente, ve al hombre que, de espaldas, se asea ante un espejo junto a una de las puertas laterales que comunican el corral con la vivienda. El hombre tiene en sus manos el objeto que el viajero ha estado oyendo desde que se asomó al portón de fuera: una máquina de afeitar eléctrica.

—¿Se puede? —repite una vez más mientras se acerca, aunque es evidente que la pregunta sobra, porque ya está dentro.

El hombre, que, por fin, ya le ha oído, interrumpe su trabajo y se queda mirando al viajero.

—Quisiera ver al dueño de la casa —dice éste, sin atreverse a preguntar directamente por el Señorito, por si en su casa no fuera muy bien visto el tratamiento.

—Hable alto, que estoy un poco sordo —dice el hombre, apagando, para oírle, la maquinilla eléctrica.

—Digo que quisiera ver al dueño —le repite, casi a gritos, el viajero.

Y, luego, bajando el tono de su voz, no vaya a ser que el Señorito esté durmiendo y le despierte:

—Si no hay inconveniente, por supuesto.

El de la maquinilla eléctrica se le queda mirando un instante, como si tratara de reconocerle. El de la maquinilla eléctrica, un hombre ya mayor, con aspecto de labrador de pueblo, se le queda mirando un instante, en silencio, como si no le hubiera oído, o como si se extrañara de que alguien quiera ver al Señorito de Otero.

—Soy yo —le dice finalmente, ante la sorpresa y el asombro del viajero.

Wenceslao Álvarez-Acevedo —que ese es el nombre exacto del hombre que el viajero tiene enfrente— es, en efecto, el Señorito de Otero. Wenceslao Álvarez-Acevedo, hijo de Mariano Álvarez-Acevedo y biznieto del diputado liberal del mismo nombre (aquel que, cuando iba a Madrid a hablar en Cortes, dormía siempre en casa propia, pues tenía una distinta cada veinte o treinta leguas), es, en efecto, y pese a su humilde aspecto, el último heredero de la casa que fundaran en el siglo XVI Diego Álvarez-Villarroel y Catalina Gutiérrez-Acevedo. Una casa y un árbol genealógico cuyas raíces más antiguas se hunden en la noche de los tiempos y cuyas ramas se extendían hace siglos por largas e infinitas posesiones solariegas. Una casa y un árbol genealógico cuyo último heredero, sin embargo, es este hombre anciano y sordo, con aspecto de labrador de pueblo, que ahora se afeita delante del viajero, rodeado de gallinas y recuerdos.

Cuando termina de afeitarse, el hombre invita al viajero a pasar dentro de la casa. El hombre es hospitalario y amable y, además de invitarle a una cerveza, le enseña una por una todas las dependencias de la vieja casona solariega: la capilla roída por el polvo de los años, el despacho arruinado, las mazmorras vacías, el comedor con los retratos de sus antepasados, la vieja biblioteca en la que se amontonan en desorden legajos medievales y revistas y periódicos recientes y, luego, de nuevo ya en el patio, los antiguos graneros y las caballerizas en las que todavía puede verse, tirados entre el polvo, los arreos y las sillas de las caballerías y la calesa de madera en que su bisabuelo, el diputado, iba a Madrid a hablar en Cortes, cuando los Álvarez-Acevedo todavía eran Señoritos de verdad y tenían casa propia cada veinte o treinta leguas.

—Pero usted —titubea el viajero, al final de la visita, conmovido ante tanta decadencia— sigue siendo todavía el Señorito de Otero...

—El Señorito y el criado —dice el hombre, sonriendo.

La fronda del Bosque Rojo

Sobrecogido aún por las ruinas de la historia —y por el triste sino que a todos nos espera en cualquier vuelta del camino— el viajero abandona la casona y toma el que a Ranedo se dirige cruzando bajo el puente de la vía.

El hullero —como popularmente se llama en estas tierras al ferrocarril minero— cruza el valle de La Vecilla por el centro, gira hacia la derecha al llegar a Valdepiélago y, por las duras cuestas que bordean la ribera, se lanza, casi sin fuerzas, a coronar la collada de Otero. Para facilitarle la subida, a las afueras del pueblo, los ingenieros han abierto un breve túnel y, al cruzarlo, el tren retumba como si la montaña entera se quebrara y fuera a desplomarse encima de sus hierros. Pero, después de unos segundos, el tren sale del túnel sano y salvo, lanzando al valle entero su último silbido, y, al pasar por el puente, los pasajeros saludan al viajero, que está parado abajo, en el camino.

—¡Adióoos! —grita una niña, agitando su pañuelo por la ventanilla.

—¡Adióoos! —le responde el viajero, sobrecogido por el ruido.

Desde el puente de la vía, el camino de Ranedo, un camino de carros solitario y minúsculo, avanza entre zarzales y praderas en las que ahora están cantando todos los pájaros del mundo. Ranedo está en lo alto de la cuesta, a apenas un kilómetro del puente de la vía, y, mientras se acerca a él, el viajero va oyendo, además de los pájaros, las voces y los ruidos que llegan desde el pueblo hasta el camino: el motor de una sierra, el ladrido de un perro, los gritos de los niños y el eco de algún carro que sube por la cuesta en dirección al pueblo. Ranedo está en lo alto de la cuesta, a apenas un kilómetro del puente de la vía, pero, como el pueblo es tan pequeño, y está oculto, además, entre la fronda de sus huertos, el viajero no lo ve hasta tenerlo casi encima.

Al viajero, sin embargo, hace ya rato que le han visto. A la entrada del pueblo, al final de la cuesta, un hombre está esperándole en medio del camino.

—¿Qué? ¿De paseo? —le pregunta.

—Según como lo mire —dice el viajero, resoplando por el esfuerzo de la subida.

Como lo mira el hombre es sin ningún disimulo. El hombre, un militar retirado, superviviente de la guerra y de la División Azul, ha subido, según dice, muchas cuestas en su vida y, por eso, ahora lo mira sin ningún disimulo ni consideración.

—A su edad —le amonesta—, subía yo esa cuesta a la pata coja y con cuatro mochilas como la suya.

Y, para demostrárselo, le cuenta algunas de las largas caminatas que, al parecer, tuvo que hacer, con nieve y con ventiscas, en sus heroicos años de la División Azul:

—Una vez, anduvimos sesenta kilómetros en una sola noche. Y, otra, fuimos desde Berlín hasta la frontera en veinticuatro horas. Pero lo peor —dice— fue cuando entramos en Rusia. Todo el tiempo caminando por la nieve, a veinte y treinta grados bajo cero, que, hasta para dormir, fíjese usted lo que le digo, teníamos que seguir andando para no morir de frío.

—Pues qué suerte —dice el viajero, al que le interesa más saber qué es lo que pone en una tabla que hay escrita en letras rojas encima de la puerta del jardín.

—Está en ruso —le aclara el divisionario, reparando en su interés.

—¿En ruso?

—En ruso, sí, señor.

—¿Y qué es lo que pone? —le pregunta el viajero, cuyo asombro ha ido creciendo al mismo ritmo que la satisfacción del de la División Azul.

—«*Bosque Rojo*» —dice éste, orgulloso del nombre de su casa y encantado de poderlo traducir.

Pero no todo el mundo en Ranedo es tan políglota y viajero como el ilustre veterano de la División Azul. Basilio Sierra, por ejemplo, a sus ochenta años, nunca ha salido de su pueblo, ni espera ya poder hacerlo alguna vez. Basilio Sierra, a sus ochenta años, sólo aspira a seguir tomando el sol y el aire del Curueño, sentado ante la puerta de su casa igual que hoy.

—Ochenta, sí, señor. Y treinta y cuatro de alcalde sin interrupción.

—¿Teinta y cuatro de alcalde?

—Treinta y cuatro, treinta y cuatro —insiste el hombre—. Desde el cuarenta y uno hasta que Franco se murió.

Basilio Sierra, los ochenta cumplidos (treinta y cuatro de alcalde sin interrupción), vive en el centro de Ranedo, en una casa de piedra de dos plantas que él mismo construyó. Pero la suya no es la única que, a lo largo de su vida, el viejo alcalde de Ranedo ha construido. Basilio Sierra, además de alcalde, fue cantero y, en los años cuarenta, al acabar la guerra, tuvo a su cargo la tarea de la reconstrucción de los pueblos destruidos por el fuego y por las bombas al norte de la línea del ferrocarril. No en vano, durante varios meses, el frente de la guerra estuvo aquí.

—Valdeteja, Valdorria, Valverde, Genicera... De Nocedo para arriba, todos los pueblos que se encuentre los volvimos a levantar prácticamente entre mi hermano y yo.

—¿Enteros?

—Enteros, sí, señor.

Pero no es de eso, sin embargo, de lo que Basilio Sierra está más orgulloso. De lo que el viejo alcalde de Ranedo, a estas alturas de la vida, está más orgulloso —más aún incluso que de su longevidad política y vital— es de sus cacerías por los montes del Curueño y, en concreto, del jabalí que, según dice, mató un día en la collada de Llamera, cabalgando a horcajadas sobre él:

—Como las bailarinas cuando tocan las castañuelas, así le castañeteaban los dientes cuando me embistió. Mi hermano le había dado en la barriga y venía enfurecido, echando espuma y sangre por la boca. Pero yo me *arre-bragué* encima de él y le agarré por las orejas y no le solté hasta que se murió.

—¿Y tardó mucho en morirse? —le pregunta el viajero.

—Como Franco, más o menos —dice el hombre, sonriendo.

El puente de Valdepiélago

Atardece cuando el viajero abandona Ranedo dejando al viejo alcalde sumido en sus recuerdos cinegéticos y al de la División Azul parado en medio del camino, esperando a que un nuevo viajero se acerque por la cuesta para contarle sus hazañas militares y traducirle el nombre de su casa del ruso al español. El de la División Azul tiene razón. El de la División Azul, quizá sin darse cuenta, ha sabido resumir en sólo dos palabras lo que al viajero le llevará mañana una hoja entera del cuaderno: por las montañas de Aviados, el sol está poniéndose y sus últimos rayos atraviesan el valle incendiando los árboles y convirtiendo en un inmenso bosque rojo todo el pueblo.

A las afueras de Ranedo, enfrente de la ermita de San Roque —el patrono del pueblo—, varios niños están jugando al fútbol en un prado, ajenos por completo, sin embargo, a la belleza del incendio. El partido, como buen enfrentamiento vecinal, tiene ya su propio fuego. De momento, Ranedo va ganando 7-5 a Valdepiélago y todo hace suponer que la contienda acabará en pelea:

—¡Mano! ¡Mano! ¡Penalty!

—¡¿Qué dices?! ¡Si me ha dado en el cuello...!

—¡En los huevos! No te jode...

Antes de que comiencen los tortazos, el viajero se aleja por la cuesta, decidido a poner tierra por medio. Al viajero no le gusta hacer de árbitro, y menos en campo ajeno. Y, además, hace ya varios minutos que, en una de esas casas que ahora ve frente a Ranedo, su madre habrá empezado ya, como todas las tardes, a preparar la cena.

Para llegar a La Mata, el viajero, no obstante, antes

ha de pasar por Valdepiélago. El viajero lo hace casi a uña de caballo —mañana, de regreso de Aviados, tendrá que atravesarlo nuevamente—, sin detenerse más que unos segundos para mirar las truchas desde el puente. Era lo que, de niño, solía hacer cuando bajaba de La Mata a bañarse a Valdepiélago. Asomado al vacío, en el pretil del puente, el viajero recuerda aquellas tardes y recuerda a Domingo, el criado de Aurelia, un pobre analfabeto sin fortuna (en el pueblo decían que su madre le había abandonado ante la puerta del hospicio y que nunca más había vuelto a saber de ella) al que todos los niños admiraban, sin embargo, porque, aparte de fumar, era el único en La Mata y Valdepiélago que se atrevía a tirarse de cabeza desde el puente. Pobre Domingo. ¿Qué habrá sido de él? ¿Desde qué puente de la vida se estará tirando ahora, si es que el río del olvido no le ha arrastrado para siempre ya con él?

Sombras de la infancia

Con el recuerdo de aquel tiempo en la memoria —y el de los compañeros que, a su lado, jaleaban a Domingo desde el puente—, el viajero sube ahora hacia La Mata por el viejo camino que, de niño, tantas veces recorriera bajando a bañarse al río o a comprar pan a Valdepiélago. El viajero, a pesar de los años, lo recuerda todavía exactamente: la cuesta del Carvajal, con sus robles añejos, solitaria y medrosa igual que siempre; la era del *tío* Pablo, con su cercado de alambre y su caseta de piedra; el sendero del monte; el viejo y solitario cementerio. Por el camino del Carvajal, la noche va cayendo, el viajero reconoce cada curva y cada cuesta, pero, a pesar de ello, no consigue evitar la sensación de volver ahora a La Mata como si fuera un forastero. Quizá porque él lo es, por condición, en todas partes. Quizá porque, en el fondo, en el país de la infancia, todos somos extranjeros.

Pero el tiempo no pasa de igual forma para los que se quedaron que para los que se fueron. El tiempo tiene un ritmo distinto para los jóvenes y para los viejos y, a la entrada de La Mata, en la primera casa del pueblo, *tía* Lina sigue sentada como si por ella no pasara el tiempo.

—¿Qué? ¿Tomando el fresco? —la saluda el viajero al llegar junto a ella.

—Un poco —dice *tía* Lina riéndose.

Tía Lina es seguramente la más vieja del pueblo. *Tía* Lina es vieja y soltera y, como no tiene televisión ni radio, se acuesta con las gallinas y se levanta con los gallos. Pero, como hoy hace buen tiempo, se ha quedado a la puerta después de la cena, contemplando el paisaje y tomando el fresco.

—¿Y cómo no va hasta la plaza, que habrá más gente? —le sugiere el viajero.

—¿Para qué, si luego tengo que volver? —se ríe *tía* Lina, enseñando otra vez su único diente.

Pero *tía* Lina no es la única en La Mata por la que parece que no ha pasado el tiempo. *Tía* Lina es la más vieja de La Mata, pero, desde su casa hasta la casa de sus padres, en el centro del pueblo, el viajero va cruzando por las calles viejas sombras del pasado que permanecen, como ella, exactamente igual que en sus recuerdos. Como la de Florencio, el de la casa grande, que viene caminando tras las vacas, la aguijada en los hombros y los brazos colgando, lo mismo que siempre. Como la de *Quitapenas*, el viejo y somnoliento ferroviario, siempre sentado ante la puerta de su casa —la cabeza hacia un lado y el cigarro en los labios—, como si formara parte ya también de la fachada. O como la de Goro, el molinero ciego que le enseñó al viajero a jugar al dominó tanteando las fichas por el tacto y que aún le reconoce a pesar de su ceguera y de los años:

—Por las pisadas —dice, embocando la pipa para darle la mano.

Cae la noche cuando el viajero llega a casa. La luz del portalón está encendida, pero el viajero no precisa de su ayuda para orientarse entre las plantas y los árboles. El viajero conoce ya el camino de memoria. El viajero lo ha pisado tantas veces en su vida que podría andarlo a ciegas, contando, como Goro, las pisadas. No en vano aquí el viajero pasó todos los veranos de su infancia. No en vano aquí aprendió a caminar y a descifrar los signos de la noche y del paisaje. Aquí, en esta vieja casa de labranza que su abuelo construyera hace más de ochenta años y a la que su familia ha seguido viniendo todos los veranos. Aquí, en este humilde y mágico jardín surgido del derribo de las cuadras, en este huerto oscuro y solitario en el que los recuerdos familiares se confunden con las sombras de los árboles y en el que, cuando se fue, el viajero dejó enterrada su memoria para poder volver un día, lo mismo que su padre, cuando, cansado de andar por los caminos, quiera dejar su errante oficio y sentarse en un rincón a recordarlos.

La linterna de Ovidio

Pero es pronto todavía para pensar en retirarse. Es pronto aún para pensar siquiera en ese día en el que los recuerdos y el cansancio le empujarán definitivamente hasta esta vieja casa de labranza y, tras cenar en ella con sus padres, el viajero retorna al camino sin poder impedir que la mochila le pese más que antes y sin lograr convencerles, por supuesto, de que se duerme mejor a cielo raso que en la cama.

El que lo entiende sin problemas es Ovidio, el vecino de enfrente de su casa. Al acabar la guerra, Ovidio anduvo un tiempo huido por el monte antes de dar con sus huesos en la cárcel y sabe por experiencia que, a veces, es mejor dormir a cielo raso que en la cama:

—Mejor, hombre, cien veces. Aunque sólo sea —bromea— por no aguantar a la paisana.

La *paisana* es Amelia, su mujer, que está con él sentada en el rincón del corredor desde el que Ovidio controla día y noche todos los movimientos de La Mata. Amelia todavía se mantiene en buena forma (pese a lo mucho que a lo largo de su vida ha trabajado), pero Ovidio está viejo y muy cansado y, como ya no puede andar dando paseos por el pueblo como antes, se pasa el día entero aquí sentado, viendo pasar la vida y los vecinos de La Mata por delante. Pero tiempos hubo en que Ovidio, que, además de labrador, fue muchos años cantinero de La Mata, andaba por el mundo, igual que ahora el viajero, recorriendo caminos y durmiendo a cielo raso:

—Me acuerdo cuando iba a buscar vino a Zamora con el carro. Siete días echaba en el viaje: tres para ir, uno para cargar y otros tres para volver. Durmiendo donde cuadraba. Y cuando subía a venderlo por los pueblos de la montaña. Qué años aquéllos —dice Ovidio, nostálgico.

—Pues yo ando buscando a alguien que quiera acompañarme —le sugiere el viajero, tentándole.

—No creas —dice Ovidio—, que por las ganas...

Por las ganas, Ovidio se iría con el viajero a recorrer de nuevo los pueblos de la montaña. Por las ganas, le acompañaría río arriba para rememorar los tiempos en que él también andaba por el mundo comprando y vendiendo vino y durmiendo a cielo raso. Pero Ovidio está ya viejo y muy cansado —pese a que todavía conserve el buen humor y la retranca— y lo único que ahora puede hacer por el viajero es dejarle la linterna que él llevaba cuando era cantinero y bajaba hasta Zamora a buscar vino con el carro.

—Funciona todavía —le dice, probándola—. Pero, a lo mejor, la pila está ya un poco gastada.

—No importa —le agradece el viajero el detalle—. Con tal de que me dure hoy hasta Aviados...

Ni hasta Aviados, ni hasta Campohermoso, ni hasta El Paso. El viajero todavía no ha salido de La Mata y la linterna ya ha dejado de alumbrar. Tenía razón Ovidio: a lo mejor, la pila estaba ya un poco gastada. Lo cual no obsta para que el viajero continúe agradeciéndole el detalle y conserve la linterna de recuerdo hasta el final del viaje.

Los trenes perdidos

Aunque tuviera pila, tampoco la linterna, en realidad, le habría hecho mucha falta. Si hay un camino en el mundo que el viajero puede andar a ojos cerrados, si hay un paisaje en la tierra que jamás podrá olvidar mientras conserve la memoria de lo visto y de lo andado, ésos son exactamente el paisaje y el camino que ahora mismo va cruzando. Y, como, por otra parte, la noche está, además, extraordinariamente limpia y clara (pese a que la luna aún sigue escondida detrás de las montañas) y las estrellas resplandecen en el cielo como en las mejores noches de su infancia, el viajero ni siquiera necesita recordarlo para andar sin linterna el camino de La Mata.

Junto a la casa del Paso, al final del camino, el viajero se sienta a fumar un cigarro. No es la primera vez que lo hace, ni espera, por supuesto, que vaya a ser la última. No en vano aquí, junto a esta vieja casa abandonada y solitaria a cuya sombra el camino de La Mata desemboca, al lado mismo de la vía, en el cruce de las dos carreteras que vienen de la estación y del pueblo de La Vecilla, el viajero se ha sentado a fumar muchos cigarros en su vida desde aquellos primeros *peninsulares* fumados a escondidas, al amparo de la soledad y el abandono de la casa, cuando era casi un niño todavía. Unos pobres cigarros amarillos —seguramente ya apartados del mercado— que José, el menor de los hijos de Ovidio, le robaba a su padre del cajón de la cantina y que, a la hora de la siesta, el viajero y él venían a fumar hasta aquí abajo mientras miraban pasar los trenes por la vía. A veces, mientras fumaban, dejaban puntas en los raíles para que el peso de los vagones las aplastara convirtiéndolas de ese modo en diminutas y oxidadas espadas infantiles. Otras, en cambio, esperaban inmóviles hasta el último instante la llegada del tren en mitad de la vía —sólo para demostrarse el uno al otro el valor de cada uno— mientras el guardaagujas les gritaba desde lejos agitando su bandera y el maquinista hacía sonar estridentemente el pito. Pero nunca el hullero se detuvo. Jamás ninguno de aquellos viejos trenes de madera hizo un alto en su camino para llevarse a aquellos dos muchachos que les esperaban inmóviles hasta el último instante en mitad de la vía. Todos seguían su ruta, en dirección a Otero o a La Vecilla, mientras ellos continuaban mirándoles pasar, un día y otro día, por las barreras del paso a nivel y por sus vidas.

Ahora, sin embargo, es medianoche y hace ya largo rato que ha pasado el último mercancías. La caseta del guarda está cerrada y las barreras permanecen inclinadas hacia el cielo como si nunca más hubiera de volver a doblegarlas tren alguno. Bajo las sombras de los chopos, la carretera está desierta —hace ya también bastante rato que pasó el último coche en dirección a La Vecilla— y, bajo las estrellas, junto a la casa del Paso, sólo la oscura sombra del viajero continúa sentada en unos troncos, fumando su cigarro, mientras recuerda con nostalgia sus primeros *peninsulares* fumados a escondidas y aquellos viejos trenes de su infancia que nunca se paraban y que nunca volvían.

Luna llena en Campohermoso

A las doce de la noche, lejano ya el rumor del último tren del día, la estación de La Vecilla está cerrada, pero los bares siguen abiertos, con los cristales de sus puertas y ventanas empañados por el humo. Grupos de adolescentes van y vienen por las calles entre risas mientras sus padres hacen tiempo hasta la hora de dormir charlando en las terrazas de los bares o paseando por los andenes de la estación solitaria y vacía. A las doce de la noche, los bares de la estación de La Vecilla siguen con sus letreros encendidos, pero el viajero pasa de largo, sin detenerse siquiera a tomar un café en la fonda «*Orejas*», igual que de costumbre. Hasta Aviados aún le queda una hora larga de camino y mañana, cuando vuelva en el tren, tendrá ocasión de nuevo de tomar ese café sin prisas.

A Campohermoso llega en poco más de diez minutos. El pueblo, distante apenas un kilómetro de la estación de La Vecilla (y unido a ella por el rosario de chalets y residencias de verano que jalonan a ambos lados el camino), se alza al borde de la vía, entre la carretera y la montaña que rodea por el norte el valle de La Vecilla. Cuando el viajero lo cruza, Campohermoso está desierto por completo. Lejos ya los chalets y los letreros luminosos de la estación de La Vecilla, la oscuridad se espesa en sus corrales y en sus calles y sus tejados se recortan contra el cielo, silenciosos y oscuros como crestas de una cordillera. Nadie, salvo el viajero, parece andar ahora por la calle. Ni siquiera los perros. Ni siquiera esas sombras que, en las noches de invierno, recorren con el viento las calles y los huertos de los pueblos. Campohermoso está sumido en el silencio —como si sus vecinos y sus perros estuvieran todos muertos— y, bajo la sombra hostil de Peña Negra (aquella que sirviera de refugio a los huidos de La Mata en los años que siguieron a la guerra), la noche encubre y difumina igual que entonces el paso silencioso del viajero.

Pero, de pronto, un resplandor lejano le detiene. Es la luna, que está asomando ya detrás de las montañas del Curueño y que, con su reflejo, convierte poco a poco el cielo en un espejo y los tejados de Campohermoso en una sucesión de extrañas y azuladas transparencias.

Deslumbrado, el viajero se aleja poco a poco del pueblo y, ya en campo abierto, se tumba a ver la luna en el medio de la carretera.

Los perros de Aviados

Cuando el viajero llega a Aviados, hace ya largo rato que el reloj de la iglesia dio la una. Las calles de la aldea están desiertas, silenciosas y solas a la luz de la luna, y, tras de las ventanas, los vecinos llevan ya tiempo durmiendo a la sombra de las piedras arruinadas del castillo.

Pese a su soledad, el viajero entra en Aviados con sigilo. No es que tema que le vean deambulando a estas horas de la noche por el pueblo o que crea —como algunos— que, en las noches de luna como ésta, la sombra de Almanzor vaga errante y solitaria en su caballo buscando ese tesoro que, al decir de la leyenda, dejó oculto en una fosa del castillo que él mismo destruyera en una de sus largas y temidas cabalgadas por España. La razón del sigilo del viajero es mucho más vulgar y más prosaica. La razón del sigilo del viajero se basa simplemente en el hecho de que Aviados se halla ya dentro del monte, alejado del cruce de la carretera, y en la constatación y la experiencia de que, en los pueblos así, los perros no suelen recibir con buenos modos, y menos por la noche, a los viajeros. Pero, pese a su sigilo, los guardianes de Aviados no tardan mucho tiempo en descubrirle. El viajero aún no ha dado cuatro pasos por el pueblo y ya todos los perros están ladrando a coro en todas las esquinas y en todos los portales de las casas.

Sin embargo, ninguno se le acerca enseñándole los dientes para intentar cortarle el paso. El viajero ve sus ojos brillar entre las sombras de las casas, escucha sus gruñidos y pisadas a su espalda, pero recorre el pueblo entero sin que ninguno de los perros se decida o se atreva a intentar acercarse. Pero no dejan de ladrar un solo instante. Ladran en los corrales, en las puertas, entre las alambradas de los huertos y junto al lavadero de la plaza. Ladran como si fuera el mismísimo fantasma de Almanzor el que anduviera ahora vagando en su caballo por Aviados. Y como, a los ladridos, alguien ha respondido ya en alguna parte y una luz se ha encendido en una de las casas de la plaza, el viajero aplasta su cigarro, vuelve al camino y, en el apeadero del tren donde al subir dejó su saco y su mochila, se tumba en un rincón, sobre el cemento helado, para dormir el dulce sueño de los justos y soñar con los fantasmas, lejos de los ladridos y de las sombras de los perros de Aviados.

TERCERA JORNADA

CAMINO DE SAN FROILÁN

Despertar con mistela

Hacia el amanecer, el viajero se despierta bruscamente, sacudido en el suelo por un enorme estruendo. No es la guerra, como al principio piensa, sin saber todavía dónde está, ni quién es, ni qué hace tumbado en el cemento. Es un tren que se acerca por la vía a gran velocidad hacia el apeadero.

Como impulsado por un muelle, el viajero salta de su sitio y recoge a carrera su saco y su mochila esperando que aún le dé tiempo a cogerlo. Pero, cuando se asoma al arco de la puerta, el tren está cruzando ya por el andén, envuelto en un estruendo impresionante, y se pierde al instante por el fondo de la vía, entre los postes de la luz y los grumos temblorosos de la niebla.

Aturdido, el viajero se queda en el andén mirándolo marchar sin saber si ponerse a correr detrás de él o si volver a su sitio para seguir durmiendo. Ese tren que se aleja es el que tenía que coger para volver a la estación de La Vecilla. O, al menos, eso cree. Lo que supone, entre otras cosas, que tendrá que volver a hacer andando cuatro kilómetros de carretera. Pero, en seguida, unos obreros que están quitando zarzas de la vía a pocos metros del apeadero —y que el viajero tarda en ver por culpa de la niebla— le sacan de la duda y le consuelan. El que acaba de pasar era un tren de mercancías. El *Correo*, que es el de los viajeros, no llega hasta las nueve, y todavía son las siete y media.

—¿Las siete y media? —repite, atónito, el viajero, buscando su reloj en la mochila.

—Las siete y media, sí, señor —insiste el que parece el capataz de los obreros—. Buena hora para seguir durmiendo si se puede.

Tiene razón el hombre. Las siete y media es buena hora para seguir durmiendo. Pero, al viajero, el tren le ha roto el sueño y, aunque podría tratar de conciliarlo nuevamente, no tiene deseo alguno de volver a tumbarse en el cemento: mientras hablaba con el hombre, ha empezado a notar que le duele todo el cuerpo. Así que guarda el saco en la mochila, calza las botas, se peina un poco el pelo con los dedos y, tras pedir a los obreros que le echen un vistazo a la mochila mientras vuelve, se dirige hacia Aviados decidido a enfrentarse nuevamente con los perros.

Como en la noche anterior, cuando el viajero entra en Aviados, el pueblo está desierto por completo. Son las ocho todavía y todos los vecinos deben de seguir durmiendo. Pero los perros no le ladran como anoche. La claridad del día, al parecer, les quita el miedo y se limitan a mirarle cuando pasa, tumbados y enroscados en sí mismos delante de las puertas. Nadie diría, viéndolos así, que éstos eran los que anoche le ladraban asustados, mirándole con miedo y enseñándole los dientes.

Contra lo que el viajero cree, sin embargo, a las ocho de la mañana, en Aviados, no todo el mundo está durmiendo. Contra lo que el viajero cree, a las ocho de la mañana, en Aviados, tres mujeres se afanan ya en el lavadero, haciendo la colada mientras el resto de sus vecinos duerme.

—Buenos días —las saluda el viajero, al llegar a la plaza, acercándose a ellas.

—Buenos días —le responden a coro las tres mujeres.

El viajero, tras pedirles permiso, se sienta en el pretil del lavadero y se pone a lavarse en el chorro del caño ante la curiosidad de las mujeres. Una de ellas le ofrece una toalla para que se seque.

—Mucho madruga usted —le dice, deseosa sin duda de saber de dónde viene.

—Ya ve —le responde el viajero muy escueto—. La verdad es que, en este pueblo, no hay quien duerma.

—Y que lo diga —interviene, interesada, otra de las mujeres—. Anoche no sé qué pasaría que no pararon de ladrar los perros.

—Andaría algún zorro por ahí cerca —dice el viajero.

—Sí. De dos piernas —apostilla la dueña de la toalla, entre las sonrisas de sus compañeras.

Por fortuna para él, una de las mujeres es la dueña del bar del pueblo. Y, aunque aún está cerrado como la mayoría de las casas en Aviados, la señora interrumpe muy amable su tarea y va a buscar la llave para abrirlo solamente para él. Por su aspecto destemplado y macilento, a la mujer el viajero le ha debido de dar pena.

—Lo que no tengo es café hecho —le advierte, sin embargo, cuando entran.

—No importa —dice el viajero, agradecido por la deferencia—. Tomaré un vaso de leche.

—Tampoco. Todavía están ordeñando y hasta las nueve o nueve y media no vienen a traérmela.

Desolado, el viajero contempla en torno suyo los estantes en los que se alinean en desorden las botellas de licor y las latas de conserva. Hay orujo, coñac, anís, ginebra; pero nada de eso le apetece. Lo único que al viajero le apetece de verdad en este instante es un buen café con leche.

—Tome usted una mistela —le sugiere la mujer buscando en el estante la botella—. Le vendrá bien para entonar el cuerpo.

—¿Una mistela? —dice el viajero, que no ha vuelto a probar ese licor seguramente desde que iba a la escuela.

—¿Por qué no? Por lo menos, le entrará mejor que el aguardiente.

Mejor que el aguardiente seguramente sí le entra la mistela. Pero sabe a canela y está dulce y espesa como si fuera un licor de caramelo.

El viajero, sin embargo, hace un esfuerzo y se la toma entera. Le da apuro dejar la copa a medias después de haberle hecho a la señora ir a buscar la llave y abrir el bar solamente para él, interrumpiendo su tarea en el lavadero.

El hullero

A las nueve y diez de la mañana, cuando el *Correo* llega al apeadero, el viajero hace ya un cuarto de hora que le espera. Es el único que está con su mochila en el andén y empezaba a pensar que el tren ya había pasado mientras andaba haciendo tiempo por el pueblo.

Envuelto en gran estruendo, el *Correo* se detiene finalmente y el viajero sube al último vagón ante la curiosidad del revisor y de los escasos diez o doce pasajeros que hoy comparten asiento en el hullero. A juzgar por sus miradas, no debe de ser muy habitual que alguien se suba al tren en este solitario y apartado apeadero.

Pero lo que al revisor más le sorprende —por no decir directamente que le ofende— es que alguien haga detenerse al tren para sólo seis minutos de trayecto.

—¿A dónde dice? —le vuelve a preguntar, como si no hubiera entendido bien la estación de destino del viajero.

—A La Vecilla —repite éste, buscando en sus bolsillos el dinero.

El revisor, un hombre ya mayor, con una enorme gorra de hule negro en la cabeza, le mira de reojo, alzando la visera con el dedo, como si sospechara que el viajero le está tomando el pelo:

—¿A La Vecilla?

—A La Vecilla, sí, señor —repite una vez más, intentando mantener el equilibrio entre los bancos, el viajero—. ¿O no se puede?

—Por supuesto —rezonga el revisor—. Pero, para ir de aquí hasta La Vecilla, aguantaba mucho más en bicicleta.

Acobardado, el viajero paga su billete —veinte pesetas, incluido el seguro obligatorio de accidentes— y se queda de pie junto a la puerta, sin atreverse siquiera a acomodarse en un asiento. Por el precio del billete, duda incluso de que tenga derecho realmente a tan notable privilegio y, para cinco minutos, no merece la pena provocar todavía más al revisor ni andar molestando a los otros viajeros.

Tenía razón aquél. Aunque sin duda el hombre lo decía por despecho, el revisor no mentía cuando le dijo al viajero que, para ir a La Vecilla solamente, habría aguantado mucho más en bicicleta. El *Correo*, un viejo tren de asientos de madera que no ha modernizado su estructura ni su aspecto desde que el viajero era pequeño, conoce el recorrido de memoria, pero, como su tripulación, está ya viejo y avanza a trompicones por la vía, envuelto en un fragor de hierros oxidados y en una espesa nube de humo negro. A veces, se contiene brevemente en una curva o al comienzo inesperado de una cuesta. Otras, por el contrario, toma velocidad sobre sus ruedas y se lanza por la vía a tumba abierta como si de repente se sintiera con fuerzas suficientes y quisiera competir con los coches que circulan a su lado, entre los árboles de la carretera. Pero, desde las ventanillas, los prados y los coches se deslizan suavemente, como si la velocidad del tren fuera distinta dentro y fuera, y el viajero, que se ha olvidado ya del revisor y de su gorra de hule negro, va mirando el paisaje, apoyado en la puerta —y ajeno por completo a lo que hablan los restantes pasajeros— como cuando, de niño, venía a La Vecilla sentado entre brigadas de mineros y mujeres que volvían de León llenas de bolsas y conejos metidos en cajas de cartón con agujeros.

Como entonces también, al cruzar Campohermoso, el viajero saluda con la mano al guardaagujas, que está al lado de la vía vigilando que nadie se salte las barreras, pero que anoche ya dormía en su caseta cuando él pasó hacia Aviados andando solo por la carretera.

La terraza de la fonda «Orejas»

En la estación de La Vecilla, cuando el *Correo* llega, una considerable muchedumbre le espera ya desde hace tiempo en los andenes. La Vecilla es un hito importante en el camino del hullero y cada día aquí le esperan con sus bolsas y maletas en la mano los viajeros de los pueblos de toda la montaña del Curueño. Diez o doce esta mañana, además, claro está, de los inevitables paseantes y curiosos y del taxista del pueblo y el cartero.

En la estación de La Vecilla, cuando el hullero se detiene finalmente, el viajero baja a tierra y, abriéndose camino entre la gente, se dirige sin demora hacia la fonda «Orejas». El viajero, después de casi ya tres horas levantado, tiene hambre y, además, con el traqueteo del tren, nota que se le ha revuelto la mistela.

Por fortuna para él, a la primera que se encuentra

es a la dueña. La señora Magdalena está barriendo la terraza, aprovechando que sus huéspedes todavía están durmiendo, y, aunque el viajero no lo es —al menos por derecho—, como le conoce desde siempre, accede a hacer un alto en su tarea para prepararle un desayuno a prueba de viajeros del hullero: huevos fritos con jamón y una taza de café con leche.

—Si quieres —le dice, cuando llega con los huevos—, te traigo también unos cangrejos que sobraron de la cena.

—Gracias —dice el viajero, emocionado aún por la visión de la bandeja—. Pero creo que con esto es suficiente.

La señora Magdalena regresa a su tarea y el viajero, tras entrar a lavarse, se concentra en la suya, que, no por más amable y placentera, requiere menos arte y atención que la que desarrolla con la escoba entre las mesas la señora Magdalena.

No es difícil, la verdad, concentrarse en este ambiente. La terraza de la fonda está mojada todavía, los periódicos esperan en las mesas la llegada de los huéspedes y, bajo las acacias y los tilos que plantara hace ya un siglo el abuelo de la señora Magdalena, los gatos van y vienen aburridos, huyendo cada poco de la escoba de su dueña. La fonda —como, sencillamente, sin más apelativos, la llama todo el mundo en La Vecilla en atención a su veteranía y su solera— se despierta dulcemente un nuevo día, uno más desde que abriera hace ya un siglo por primera vez sus puertas para acoger y dar cobijo a los trabajadores y viajeros del hullero, y se dispone a recibir a los veraneantes y a los huéspedes —su nueva clientela— que ya empiezan a asomarse a las ventanas, quebrantado su sueño por la llegada del *Correo*.

Cuando termina el café, el viajero enciende un cigarrillo y saca su cuaderno para tomar algunas notas mientras reposa el desayuno y la mistela. Desde ayer por la mañana en *Casa Chana*, no había tenido tiempo de volver a hacerlo. Pero, sentado en el rincón de la terraza, a la sombra de los tilos que plantara hace ya un siglo el abuelo de la señora Magdalena, al viajero, pese a ello, no le cuesta gran esfuerzo concentrarse en sus recuerdos y, de ese modo, van poblando poco a poco su cuaderno los dueños de «*La Dama de Arintero*», el Señorito de Otero, el de la División Azul, Basilio Sierra, Domingo el hospiciano, *tía* Lina, Goro el ciego, Florencio, *Quitapenas*, Ovidio y su linterna y, cómo no, las lavanderas de Aviados y el revisor del hullero. Como en los cuentos infantiles, los personajes que el viajero ayer cruzó por el camino —y los que simplemente creyó ver mientras dormía sobre el cemento del apeadero— vuelven a cobrar vida en su mirada y saltan de sus ojos al cuaderno y del cuaderno a las acacias y a las sillas. El viajero, pues, ya no está solo en la terraza con los gatos. Aunque los veraneantes y los huéspedes aún siguen en la cama y la señora Magdalena ha ido a la cocina a prepararles el desayuno para cuando lleguen, el viajero no está solo en la terraza porque, aparte de los gatos, los personajes que ayer cruzó por el camino —y los que simplemente creyó ver mientras dormía— han vuelto nuevamente a hacerle compañía hasta el rincón de la terraza donde ahora está escribiendo envuelto por el humo del cigarro y arrullado por la sombra de los tilos que plantara hace ya un siglo el abuelo de la señora Magdalena...

—¿Qué? ¿Estaban buenos los huevos? —le pregunta ésta al viajero cuando vuelve en cuerpo y alma a recoger la mesa.

—¿Cómo? —se despierta, sobresaltándose, el viajero.

—Que si estaban buenos los huevos...

—¿Los huevos? ¡Ah, sí, los huevos! —balbucea el viajero, que todavía está en el tren hullero—. Muy buenos, sí. Muchas gracias, señora Magdalena.

Los chopos de Valdepiélago

Por la carretera de la Estación —la misma que ya anoche recorrió, bajando de La Mata a La Vecilla, camino del apeadero—, el viajero vuelve ahora a Valdepiélago, restablecido ya, con un nuevo café, de su desfallecimiento momentáneo en la terraza de la fonda «*Orejas*».

La verdad es que, al viajero, la noche en el apeadero no le sirvió para recuperar las fuerzas. Antes, por el contrario, el frío y la dureza del cemento y las escasas cinco horas que consiguió dormir apenas antes de que el primer tren le despertara le han dejado los huesos tan molidos que todo le hace pensar que esta que ahora comienza va a ser posiblemente la jornada más dura de su viaje. Una jornada en la que —lo sabe ya— el sol volverá a acuchillarle sin piedad por los caminos, igual que los dos días anteriores, y en la que —también lo sabe— tendrá que subir, de Nocedo a Valdorria, cuando caiga la tarde, la cuesta más terrible y empinada de su vida. Pero, por fortuna para él, la mañana todavía está empezando, la niebla sigue estancada a lo largo de la línea del Curueño y, por la carretera, pasado ya el desvío de La Mata, chopos altísimos le acompañan y guardan del calor que ya empieza a dejarse sentir en el fondo del valle. Son rectos, majestuosos, corpulentos y fuertes como gigantes. La mayoría de ellos tiene grabada ya en sus troncos ese aspa roja o negra que les condena irremisiblemente al hacha (su proximidad a la calzada y la peligrosidad que ello supone para el tráfico han sido, al parecer, su único pecado), pero, mientras su condena se consuma, continúan alineados a ambos lados del camino, como hileras de gigantes, dando sombra a los viajeros y a los coches igual que cuando la carretera todavía era de tierra y sólo la transitaban las personas y los carros.

Pero los chopos de la carretera no son los más solemnes de cuantos en Valdepiélago dominan las alturas del paisaje. Los chopos de la carretera son altos y solemnes —y dan sombra a los viajeros y a los coches con sus ramas—, pero apenas le harían sombra por su parte al que el viajero encuentra ya dentro del pueblo, solitario y erguido a la orilla del río como el mástil de un barco. Un chopo tan erguido y gigantesco que, desde su guía, seguramente puede verse todo el valle.

—Es alto, ¿verdad? —le dice una señora que viene con un perro por la calle, cuando le ve mirándolo.

—Sí, señora. Muy alto.

—Y recto.

—También.

—Pues, ahí donde lo ve —le dice la señora parándose a su lado—, ese chopo salvó a un hombre de morir ahogado.

Desde la tapia del huerto, parapetándose —para que el sol no le deslumbre— los ojos con la mano, el viajero mira el chopo tratando inútilmente de entender lo que, como un secreto, la señora del perro acaba de contarle. El viajero reconoce, ciertamente, lo inusual de su tamaño (el de la señora, no; el del árbol), pero, por más que lo mira, no consigue entender cómo pudo salvar de morir ahogado a nadie estando como está a más de veinte metros de la orilla del agua.

—Pues muy fácil —le dice la señora, que parece encantada de poder contarlo a alguien—. Ese chopo lo plantó ahí donde está ahora un señor de este pueblo que ya murió hace años. El dueño de esa casa —le dice, señalando la de al lado—. El hombre, por lo visto, se cayó una noche al río cuando estaba pescando y, como no sabía nadar ni podía pedir ayuda porque el único que podía oírle a esas horas era el guarda, la corriente lo arrastró por el río abajo hasta que consiguió salir agarrándose a una rama de la orilla cuando casi ya se estaba ahogando. Al día siguiente, cuando se le pasó el susto, cogió la rama y la plantó en el huerto de recuerdo y ya ve usted lo que es ahora aquella rama.

—Ya veo, ya —dice el viajero, admirado—. Pero, ¿por qué ha crecido tanto?

—Ah, no sé —exclama la señora, encogiéndose de hombros y volviéndose a mirarlo—. Como no sea —dice— para joder al guarda...

La calzada romana

Para joder al guarda, que vive justo enfrente, el chopo del furtivo creció más que ningún otro en Valdepiélago —según dice la gente—, pero, para ayudarle a vigilar el río, los romanos le hicieron un camino y varios puentes. El primero de ellos, y el más fuerte quizá, justo en el medio del pueblo.

A partir de Valdepiélago, en efecto, y, en concreto, desde el puente, la calzada romana que subía a Vegarada desde Puente Villarente (y que hasta aquí viene borrada por el polvo de algún viejo camino de ribera o por el propio asfalto de la carretera) comienza ya a mostrar con nitidez el reguero borroso e inconfundible de sus piedras. La angostura del valle y el encajonamiento repentino del Curueño —que, a partir de Valdepiélago, entra de lleno ya en la boca de las hoces que, para abrirse paso, él mismo ha quebrantado entre las peñas—, obligaron en su día a los romanos a excavar en plena roca sus cimientos y a apuntalarlos luego sobre muros y estructuras tan robustas que aún pueden verse, al cabo de los siglos, largos trozos de calzada perfectamente conservados todavía (y utilizados aún como cañadas por los rebaños de los pueblos ribereños y por los trashumantes que llegan cada año a la estación de La Vecilla) y una docena de puentes, entre medievales y romanos, de los más de cuarenta que, al decir de las crónicas, vadeaban el Curueño en esta zona hace ahora veinte siglos. Una docena de puentes para poco más de veinte kilómetros de río.

Aún es pronto, sin embargo, para que la calzada comience a atormentarse entre las peñas río arriba. Hasta Nocedo al menos, el valle aún la permite subir tranquilamente por su orilla —o bordeando las laderas de los montes en sus tramos más difíciles— y el viajero, que lo sabe, cruza el puente y, por la vieja calzada, abandona Valdepiélago dejando el río ahora a su izquierda y la carretera de su nombre a la otra orilla. No será la última vez que se separen, ni la primera que el viajero la abandone y cruce el río. En su deseo de ver todos los pueblos y paisajes del Curueño —y en su intención de andar todos sus montes y caminos—, el viajero, que ya la ha abandonado varias veces estos días, tendrá, a partir de ahora, que dejar la carretera muchas más para poder llegar a todos los rincones del camino o para, simplemente, poder seguir la ruta que los ejércitos romanos recorrían cuando con sus caballos y sus carros subían el Curueño en son de guerra, hostigados de cerca por las tribus que aquí había establecidas. Pero el viajero no es romano, ni viene en son de guerra contra nadie por el río. El viajero, a fuer de escéptico, es hombre sosegado y apacible (salvo que alguien se empeñe en buscarle las cosquillas) y, como de momento eso todavía no ha ocurrido, lo único que busca al caminar por la calzada es la belleza pura y dura de la piedra y del paisaje y la tranquilidad antigua de un camino por el que no circulan ni personas ni vehículos. Un camino solitario y olvidado —y borrado en ocasiones por el manto de las urces— por el que sólo él y algún perro perdido acompañan los ecos de la historia en este mediodía de verano lleno de mariposas y de nubes.

Los moros de Montuerto

En el bar «*Tagüima*», cerca ya de Montuerto, la vocación del dueño parece, sin embargo, más morisca y africana que romana. El «*Tagüima*» —una antigua caseta de una era convertida por su dueño en merendero y, por su situación en medio de los prados, en *camping* espontáneo de asturianos—, se alza al pie de la calzada, entre las peñas y el río, pero, a pesar de ello, su dueño parece claramente preferir los tambores de los hijos del desierto a las trompetas y los cascos del ejército romano. Al menos, a juzgar por el nombre del local y por la cimitarra que hay pintada en el letrero de la puerta a modo de divisa o de anagrama.

—No crea —se apresura a defraudar las deducciones del viajero el dueño del «*Tagüima*» mientras le sirve una cerveza casi helada—. En realidad —le dice—, el que lo bautizó fue el albañil, que había hecho la *mili* en África.

—¿Y el alfanje?

—¿Qué alfanje?

—El del letrero.

—¿El puñal? —pregunta el hombre, asomándose a la puerta para ver a qué le llama alfanje el recién llegado—. Ése —dice, quitándole importancia—, lo pinté yo por pintar algo.

Así que, en el «*Tagüima*», de la leyenda de los moros, nada. Al local —según dice su dueño—, el nombre se lo puso el albañil, que había hecho la *mili* en África, y el puñal lo pintó él mismo simplemente por pasar el rato. Pero, de la leyenda de los moros de Montuerto, nada. Aunque, en el propio merendero, haya quien piense justamente lo contrario:

—Calla, anda —le dice, provocándole, al dueño del

«*Tagüima*» un asturiano—. Pero si, en este pueblo, sois todos más moros que en el Sáhara.

—Sobre todo, los paisanos —le apoya al asturiano la mujer, una rubia teñida embutida en un bañador de color butano.

—Hombre, no lo dirás, supongo —se defiende el del «*Tagüima*» golpeando por lo bajo—, por lo que te ayuda a ti éste en casa.

—Oye, oye. Un respeto —dice el marido acusado—. Que una cosa *ye* ser moro y otra muy distinta un calzonazos.

Y, por si hubiera dudas, se bebe la cerveza, que tenía a la mitad, prácticamente de un trago.

Pero en Montuerto no todos los vecinos parecen tan reacios como el dueño del «*Tagüima*» a admitir su herencia árabe. En Montuerto, quizá por su castillo (un muñón arruinado que vigila desde un cerro el valle en el que el pueblo está encajado), la leyenda de los moros está tan arraigada que, incluso, hay quien sostiene que hasta el nombre se lo debe el pueblo a la presencia de los siervos de Mahoma en sus montañas:

—Hombre, claro, ¿usted qué cree? Nada es por casualidad, que yo sepa. Y, si este pueblo se llama así, es por algo. En concreto, y según a mí me han contado, porque hace muchos años hubo en ese castillo de ahí arriba un rey moro que se llamaba Mon y que era tuerto. Y, como la gente le decía el castillo de Mon el Tuerto, pues por eso este pueblo se acabó quedando con Montuerto. ¿Comprende?

—Comprendo.

El que tan bien se explica, convertido en lingüista improvisado y en espontáneo *cicerone* del viajero, es un viejo de casi ochenta años que le ha salido al paso a la entrada del pueblo. El lingüista, de cuyo nombre el viajero no se acuerda (y no porque no quiera), es simpático y dicharachero y, como está aburrido —hasta la hora de comer aún tiene que hacer tiempo—, aunque lo debe de saber ya de memoria, en seguida se presta a acompañarle en su paseo de ida y vuelta por Montuerto.

—¿Ve ese cerro de ahí arriba? —le señala al viajero cuando ya han dado la vuelta a todo el pueblo.

—¿Cuál?

—El del castillo.

—El cerro sí. Pero el castillo sigo sin verlo.

—Bueno, es igual —dice el viejo, que no quiere perder tiempo en menudencias—. Pues, detrás, hay otro pueblo que le dicen Nocedo y que se llama así porque allí vivía el rey cristiano y, entonces, el rey Mon, que quería conquistarlo, iba y le decía desde lejos: «¿Cedes o no cedes?» Y el cristiano respondía: «No cedo.» Y otra vez el moro al día siguiente: «¿Cedes o no cedes?» Y el cristiano: «No cedo.» Y, así, un día y otro día hasta que el pueblo se quedó con Nocedo.

—Bueno, pero ¿lo conquistó o no? —le pregunta el viajero despidiéndose, ya en las afueras del pueblo.

—¿Quién?

—El moro.

—Ah, no sé —dice el viejo—. Pero no creo —le sonríe con malicia—, porque los de Nocedo siguen siendo igual de necios.

La cascada de Nocedo

Por la carretera arriba, camino de Nocedo, el viajero no tarda en alcanzar la curva en que se unen el río Valdorria y el Curueño.

El viajero tenía dos opciones para subir desde Montuerto hasta Nocedo. Una, la primera —y la mejor sin duda para ver en todo su esplendor el valle y las montañas del Curueño—, era seguir por la calzada río arriba, subir por la ladera la cuesta del castillo hasta llegar al cementerio de Montuerto y, como los romanos en su tiempo, doblar junto a sus muros el alto de la loma que separa y da vista a los dos pueblos. La otra, más cómoda y sencilla, pero también más larga y menos bella, cruzar el río por el puente de Montuerto y remontar su curso por la carretera. Contra la opinión del viejo, que le animaba a ver de cerca las ruinas del castillo y a contemplar desde allá arriba los tejados y los campos de Montuerto, el viajero optó por la segunda finalmente, no tanto por librarse de la cuesta como por volver a ver, después de tantos años, la cascada de Nocedo.

La cascada de Nocedo, tan oculta y perdida entre las

peñas que los viajeros pasan muchas veces por su lado sin sospechar siquiera su existencia, esconde su belleza en la angostura de una grieta que el río de Valdorria ha abierto en plena roca para poder salvar el desnivel que lo separa del Curueño. Para llegar a ella, hay que dejar, por tanto, atrás la carretera, desviarse a la izquierda por el muro que sumerge bajo ella el riachuelo y, con los pies descalzos —para no mojar las botas y para evitar los resbalones en las piedras—, recorrer los cien metros que separan la carretera de la grieta en la que brama día y noche el corazón de la tormenta. No son muchos, pero sí lo suficientemente angostos y difíciles como para que el viajero tarde tanto tiempo en recorrerlos como en llegar allí desde Montuerto. Pozos, rabiones, gargantas, torrenteras, minúsculos sifones y cascadas se suceden y encadenan sin descanso haciéndole el camino cada vez más peligroso y complicado. Hojas y babas verdes se deslizan suavemente entre sus piernas obligándole a avanzar con gran cuidado. Hasta el final del río, la grieta no se abre, tenebrosa y sombría, a la mirada del que llega y hasta su misma boca las aristas ahogan el eco de la roca y el rumor torrencial de la cascada al despeñarse entre las piedras. Pero el viajero no ha olvidado la manera de llegar hasta ella. Pese a los años ya pasados, el viajero reconoce todavía los atajos y los pasos obligados y, al final, después de mucho andar y de volver sobre sus pasos varias veces, logra alcanzar la grieta en cuyo fondo brama como una fiera herida y prisionera de sí misma la cascada de Nocedo. E, inmóvil frente a ella, sobrecogido el ánimo, enciende un cigarrillo y se queda mirándola con la misma emoción y con el mismo vértigo con los que la miraba siendo niño, hace ya tantos veranos, tanto tiempo.

El furtivo

Las truchas del Curueño, famosas por su piel fina y por su carne blanca y prieta de montaña, saltan en la cocina del bar «Sierra» de Nocedo cuando el viajero entra en el bar decidido a acabar las existencias de la casa. Son las dos menos cuarto de la tarde, el sol pega con fuerza en los tejados y en los patios de las casas y el viajero, que ya olvidó hace rato la humedad y el frescor de la cascada, viene sudando tanto que, cuando entra en el bar, todos se vuelven al unísono a mirarle.

La verdad es que el viajero bien merece un buen almuerzo y un descanso esta mañana. Desde que salió de Aviados, hace ya cinco horas (una más contando las que lleva levantado), el viajero no sólo ha recorrido hasta Nocedo una distancia notable, sino que además lo ha hecho por todos los caminos y por todos los medios existentes a su alcance: en tren, a pie, por carretera, por senderos, por cañadas, incluso por el agua —en la cascada— y por los cantos rodados y gastados por el tiempo de la calzada romana. Así que, piensa él, bien se ha ganado un turno en la cocina del bar «Sierra» y una siesta, después, en cualquier prado. Sobre todo, teniendo en cuenta lo que le espera todavía hoy por la tarde.

Pero el viajero no es el único que se ha hecho acreedor a un turno en la cocina del bar «Sierra» esta mañana. El viajero, ciertamente, se ha ganado un buen almuerzo y la consideración del respetable y de los dueños de la casa (más que nada, por lo mucho que sudaba cuando ha entrado), pero también hay otros que hoy han sudado lo suyo y que tienen preferencia sobre él porque han llegado antes.

—Y aunque llegaran tarde —le dice el dueño al viajero señalando a los obreros que acaban de sentarse—. Son los que están haciendo la carretera a Valdorria y a las tres tienen que volver al tajo.

—¿A Valdorria? —repite el viajero incrédulo, pues subió una vez de niño y le cuesta imaginar que hasta allí lleguen las palas.

—A Valdorria, a Valdorria —insiste el hombre, no sin cierto escepticismo en sus palabras—. Ya ve usted —le dice, sirviéndole una cerveza y apoyándose en la barra—. Ahora que ya se han ido casi todos es cuando se acuerdan de hacerles un camino como Dios manda.

—A lo mejor, es por eso —dice el viajero con sorna, bebiendo un largo trago de cerveza y apoyándose también en el extremo de la barra—: para ver si se marchan por él los que todavía aguantan.

Pero al que le toca aguantar es a él. Como, durante

siglos, sucediera a los vecinos de Valdorria —y como a él mismo le volverá a pasar en más de una ocasión a lo largo de este viaje—, al que le toca aguantar es a él mientras, en el extremo de la barra, espera impaciente, cerveza tras cerveza y cigarro tras cigarro, a que, en el comedor de al lado, quede alguna mesa libre para poder sentarse. Pero los minutos pasan lentos, desesperantes, y en el comedor de al lado no se mueve ni una silla. Los de la carretera, cansados del trabajo, comen con ritmo de tortugas y los demás, veraneantes de la zona o excursionistas de paso, no parecen tener ninguna prisa. Y entre los de la carretera y los del pueblo y entre los excursionistas y los veraneantes, el viajero, cuando le llega el turno, está ya al borde mismo del desmayo: son las tres menos cuarto de la tarde y lleva ya una hora esperando a que le dejen sitio.

—Pues tiene suerte —le dice, a pesar de ello, la señora cuando aparece al fin para avisarle—. Todavía va a poder probar las truchas.

—Vaya, hombre, muchas gracias —dice el viajero sin fuerzas pasando al comedor y acomodándose en la mesa de la esquina—. Pero ya tendría gracia —protesta— que me hubiese quedado sin ellas después del tiempo que llevo guardando el turno.

—Ah, pues por poco —le dice la mujer, sin ninguna piedad, volviendo a la cocina—. El domingo se cerró la veda y las que quedan son ya las últimas.

—¿Las últimas? Hombre, digo yo —insinúa el viajero con malicia— que, estando el bar como está, al lado mismo del río, aunque se cierre la veda, alguna saltará de cuando en cuando por la ventana de la cocina...

—Ni una —le corta la mujer con gesto digno.

Ni en la sartén, ni en el río. Las truchas del Curueño —al menos las dos piezas que al viajero le han servido—, ya no saltan en el río ni bailan como en los cuentos en las sartenes de la cocina. Las truchas del Curueño, con su relleno de jamón dentro y su acompañamiento de patatas fritas, saltan y bailan en el estómago del viajero llenándole de nostalgia y devolviéndole poco a poco las energías perdidas. Las truchas del Curueño y el pan de Valdepiélago y las cerezas y el queso de Valdeteja. Unas cerezas rojas como la sangre y un queso blanco y tierno como los sueños.

Cuando termina de comer, el viajero sale a dar un paseo por el pueblo. Son las cuatro de la tarde y Nocedo —apenas veinte casas alineadas junto al río, entre los huertos— duerme la siesta en silencio, arrullado por el agua y por las hojas de los nogales que, contra la opinión del viejo de Montuerto, le dan sombra y nombre al pueblo. Río abajo, entre los chopos, el agua trae el murmullo de los bañistas del balneario y, a lo lejos, en el monte, un rugido intermitente de motores roe el polvo y la calima de la tarde. Son las palas que trabajan en el monte de Valdorria tratando de abrirle paso a la carretera hacia la collada. Vista desde Nocedo, una empresa de locos o de titanes.

—Y que lo diga. Si me lo llegan a decir a mí hace veinte o treinta años...

El que así habla, sentado en una silla a la puerta de su casa, es quien, seguramente, mejor conoce el monte en el que ahora trabajan los obreros y las máquinas. El que así habla, mientras desde su silla contempla entretenido la enorme polvareda que levantan allá arriba los camiones y las palas, es un viejo diminuto y sonriente que conoce como nadie los secretos de ese monte y los de todos los montes de la comarca. No en vano a don Laurentino —que así se llama el viejo que el viajero se ha encontrado por la calle— todos le llaman *Matalobines* por la gran cantidad de lobos que a lo largo de su vida, al parecer, ha cazado. Tantos —dice él mismo— por lo menos como años.

—¿Y cuántos años tiene?

—Ochenta y cuatro —declara con orgullo, no se sabe muy bien si de los lobos cazados o de los años.

Laurentino Castillo, *Matalobines*, vive en Nocedo con una sobrina, pero se siente forastero en cuerpo y alma. Laurentino Castillo, *Matalobines*, lleva aquí ya muchos años —incluso fue durante algunos el alcalde—, pero añora todavía el pueblo en que nació y del que, por circunstancias de la vida, acabaría siendo con el tiempo su último habitante. Villarrasil se llamaba y hoy no es más, al parecer, que un montón de ruinas y de zarzas:

—Ahí lo verá, si va para arriba, un poco por encima

del balneario. ¿Que por qué se murió? —repite *Matalobines*, mirando al viajero de reojo con sus vivos ojillos de furtivo retirado—. Pues por lo mismo que se mueren todos los pueblos de la montaña. Porque no había qué comer y la gente aumentaba. El terreno era el mismo, los jóvenes emigraban y los viejos se fueron muriendo. Total, que entre eso y el *mal de moda*, que se llevó a unos cuantos, y la guerra, que vino después y quemó muchas casas, Villarrasil se vino abajo. Cuando murió mi padre, me bajé para Nocedo porque uno solo no es nadie.

Pese a ello, *Matalobines* recuerda todavía su pueblo con nostalgia. *Matalobines*, en Nocedo, vive bien y acompañado —«faltar, la verdad, no me falta de nada»—, pero, a pesar de ello, se siente forastero, no tanto porque añore la memoria de una aldea ya perdida y arruinada como la juventud y la libertad que allí disfrutaba. No en vano, durante más de treinta años, *Matalobines* vivió en Villarrasil prácticamente de la pesca furtiva y de la caza:

—Con los guardias nunca tuve problemas porque era más listo que ellos; les sabía coger las vueltas, ¿sabe usted? Yo conocía el terreno a la perfección y ellos estaban de paso. Así que, aunque andaban todo el día detrás mío, siempre les daba esquinazo. Las truchas las pescaba por las noches en las hoces y luego las vendía en el balneario. Como la nieve, que la bajaba en el burro de un pozo que hay en la collada de Bucioso y en el que la nieve dura todo el año. La usaban para hacer helados para los huéspedes, pero a mí me pagaban cuatro perras y, a veces, nada. El del balneario me daba una copa de no sé qué y me decía que aquello era muy caro. Yo no me lo acababa de creer, pero lo bebía y en paz. La gente —dice *Matalobines*, ya sin rencor alguno en sus palabras— siempre acababa engañándome. Por eso, prefería el monte, ¿sabe usted? Las garduñas, que las cazaba a lazo, y los lobos, que los cebaba las noches de luna junto a la ermita del santo.

—¿Y sigue habiendo lobos por aquí o se acabaron?

—Hay, hay —dice *Matalobines* mirando a la montaña—. Y bastantes. Este invierno, sin ir más lejos, le mataron a un vecino de Montuerto veinte cabras.

—Pues debería seguir cazándolos —le dice el viajero con una sonrisa para animarle.

—Ya me gustaría, ya —se le iluminan los ojillos al viejo alimañero de nostalgia—. Si no fueran los años...

La subida a Valdorria

Llegó la hora de la verdad. Lo que, durante todo el día, el viajero ha ido aplazando ya ha llegado y el camino que tanto temía ya está frente a él. Un camino de polvo apisonado que parte monte arriba de Nocedo, justo enfrente del bar. «A VALDORRIA, 3 KM», dice un letrero. «PRECAUCIÓN. CARRETERA EN OBRAS. TRAZADO DE ALTA MONTAÑA», advierte otro unos metros más allá.

—¿Va para arriba? —le pregunta al viajero, comenzada la cuesta, un hombre que acaba de asomarse a la puerta del bar.

—Más o menos —dice el viajero mirando la cuesta con muy poca fe.

—Pues, si me hace el favor —dice el otro—, dígales a los de Valdorria que el que tenga algún jato para José Luis el de Lugueros esté mañana a las ocho aquí abajo con él.

—¿De la mañana o de la tarde? —puntualiza el viajero, no vaya a ser que por su culpa haya luego algún error.

—De la mañana, claro —dice el hombre—. Son para bajarlos al matadero a León.

Con el encargo a cuestas —la mochila y el saco, como el tratante de Lugueros, también se quedan esperándole en el bar—, el viajero reanuda su camino por la cuesta con más ánimo que fuerzas y más ganas que confianza en sus posibilidades reales de llegar. De momento, el camino no ha empezado todavía y ya tiene, según un letrero, casi un veinte por ciento de desnivel. Lo cual, unido a la calima de la tarde y al polvo que el viajero va levantando al andar, convierte ya de entrada la subida a Valdorria en una empresa de difícil abordaje y de más que dudosa finalización. Desolado, el viajero mira hacia arriba y lo único que ve es la misma cuesta polvorienta e interminable, las urces y los tojos que bordean las cunetas y, luego, ya al final de la curva, el camino que vuelve y que trepa hacia el cielo en continuo zigzag.

A la tercera o cuarta curva, el viajero, asfixiado, está ya pensando en abandonar. La polvareda de las palas se alza frente a sus ojos, a poco más de cien metros monte arriba en vertical, pero seguramente aún le queda más de un kilómetro de cuesta siguiendo la carretera por donde va. Es lo mismo que sucede con Nocedo, cuyos tejados rojos han ido poco a poco quedándose allá abajo, entre los árboles, como barcazas viejas varadas junto a un río por el que nunca se atrevieran a seguir. Desde donde ahora camina, el viajero puede ver todavía la espadaña de la iglesia y el camión del tratante de Lugueros aparcado frente al bar, pero le resulta ya imposible distinguir la figura de *Matalobines* sentado ante la puerta de su casa, mientras que, por el contrario, el viejo alimañero sí le está viendo ahora seguramente a él. Sudoroso, jadeante, la boca bien cerrada para no tragar el polvo que levanta con las botas al pisar, el viajero le saluda con la mano —al aire, por si le viera— y reanuda su andadura monte arriba cada vez más cansado y cada vez más escéptico sobre sus posibilidades de llegarlo a coronar. Pero hay algo que le anima y que le ayuda a proseguir. Por si la voluntad, ya escasa, le fallara —y por si de repente la carretera se acabara y tuviera que dejar su compañía y su zigzag—, el viajero ha descubierto entre las urces el rastro del sendero que, durante muchos siglos, sirviera a los vecinos de Valdorria como única vía de comunicación. Un camino de herradura estrecho y largo, apto más para las cabras que para las bestias de carga, por el que los valdorrianos han tenido, sin embargo, que bajar hasta Nocedo cada día la leche de sus vacas y subir a lomos de burros todo lo necesario para vivir. En él nacieron sueños y parejas volviendo de noche al pueblo con las estrellas y en él halló la muerte más de uno, sorprendido en mitad del monte por una ventisca o —como la *tía* Virginia y su burro, cuando el viajero era niño— por el resplandor de un rayo. Por él partieron muchos en busca de otras tierras menos duras y más fáciles de andar y trabajar y por él regresaron un día cuando la edad y el recuerdo empezaron a llenarles de nostalgia el corazón. El viajero lo mira mientras camina y piensa en cuántas penas no guardará ese sendero que la carretera nueva condenará para siempre —ya ha condenado— al olvido y al tojo y a la soledad.

—Deje, deje, que allí está bien. Cómo se nota que usted nunca lo subió.

—Una vez —dice el viajero, parándose en el medio de la curva a respirar—. Pero lo recuerdo bien.

—Más lo recuerdo yo.

La mujer, una rubia entrada en años, pero todavía en buen estado de conservación, es una antigua hija de Valdorria que está de vacaciones en su pueblo y que baja, según dice, hasta Nocedo a esperar a una hija que llega por la tarde en el coche de línea de León. Como baja, viene alegre y descansada y apenas le da la importancia al hecho de que luego haya de volver a subir:

—Nada, hombre. Si fuera por el camino antiguo, todavía. Pero, por éste —dice—, si casi da hasta gusto andar.

—Hombre, tanto como gusto... —se defiende el viajero, que apenas ya si puede respirar.

Cuando llega donde las palas, después de otras tres curvas monte arriba y de sus correspondientes diagonales en zigzag, el viajero no sólo ya no puede, sino que no desea siquiera respirar. Por la ladera abajo, una nube de polvo barre el monte enredándose en las urces y borrando el camino y convirtiendo el aire en un barril de pólvora a punto de estallar. Las palas rugen bajo la nube como oscuros animales prehistóricos y las siluetas de los obreros flotan entre la niebla como figuras fantasmagóricas de una ópera apocalíptica y final. Jadeantes, sudorosos, con los cuerpos desnudos de cintura para arriba y los músculos pintados por la grasa, los obreros van y vienen entre el polvo vigilando el trabajo de las máquinas y ayudando a quitar los obstáculos que puedan impedirlas avanzar. Un fuerte olor a gasolina y a sudor lo invade todo. Una humedad caliente sube desde la tierra fundiéndose en el aire y formando con el polvo y con el humo de las palas una única sustancia irrespirable e imposible —en apariencia— de romper. El viajero, por si acaso, antes de llegar junto a las palas, abandona el camino y, por entre los piornos y las urces, se lanza monte arriba en vertical. Los obreros le miran un instante (no se sabe muy bien si con envidia o compasión) y, luego, cuando le pierden de vista, se sumergen nuevamente en su trabajo sin hablar. Aunque agotados, tanto a uno como a otros les falta ya muy poco para llegar al final.

El valle perdido

Desde lo alto de la collada, el valle de Valdorria se abre ante los ojos del viajero como una alucinación. Peñas de nombres míticos —la Galicia, la Negra, la Morquera, la Blanca— y de no menos mitológica belleza y majestad lo rodean y ahogan por sus cuatro costados mientras que, en el centro mismo, las casas de la aldea se agarran a la peña para no caer rodando hasta el fondo del tajo por el que corre el arroyo que lleva su nombre y su soledad.

Valdorria no es un pueblo; es una aparición. Tras la larga subida desde Nocedo, después de más de una hora de interminable y penosa ascensión, la visión de este pueblo perdido entre montañas puede llegarle a parecer al que lo ve por vez primera un sueño o un espejismo o una ilusión. Pero el pueblo es tan cierto como el valle y tan hermoso como las peñas que lo circundan a su alrededor. 1.927 metros de altura le atribuye el mapa del viajero a la del norte y casi 1.500 a la que lo rodea por el sur. Alturas que se escalonan hasta los poco más de 1.300 de la aldea —y, aún más abajo, hasta los escasos 1.050 del riacho que corre entre las gredas a sus pies— en praderas y bancales superpuestos con los que los valdorrianos han tratado de arrancarle a la montaña una riqueza que ésta apenas podía dar. Unos prados y bancales milenarios, trabajados a lo largo de los siglos con esfuerzo y con sudor, pero que hoy, abandonados ya en su mayoría, son pasto de las urces y de las pocas cabras que comparten con los vecinos la agonía del pueblo que les vio nacer.

—Once. Y la mayoría ya viejos como yo.

Hilarino nació en Valdorria hace setenta años y no sabe muy bien por qué se quedó. Los de su época se fueron casi todos —«a Madrid, a Bilbao, a Barcelona, a

Suiza, a la Argentina, hasta a Australia y a Nueva York»—, pero Hilarino se quedó en Valdorria y, aunque ya jubilado, todavía cría algunas cabras y continúa teniendo *un poco de bar*: un armario con unas botellas y alguna lata de conserva para los excursionistas que, como hoy el viajero, se dejan caer de tarde en tarde por aquí:

—Ahora, en verano, y con lo de la carretera, alguno. Pero, en invierno —dice Hilarino—, ni Dios.

Ni Dios sube en invierno hasta Valdorria. Ni con la carretera ni sin ella se atreve nadie a enfrentarse a las nevadas que, a partir de noviembre, acostumbran a caer por estos montes olvidados de los hombres y de Dios. Unas nevadas tan fuertes que a veces duran días enteros y que sepultan el pueblo y a sus habitantes durante muchos días más. Días interminables, noches largas y oscuras, semanas y semanas encerrados en las casas escuchando la radio y jugando a las cartas y rezando en la noche para que nadie caiga enfermo y se muera sin poder salir de aquí. Ése, y no otro, es el destino de los once habitantes de Valdorria desde noviembre a abril. Pero ahora es verano y no hay nieve y, en el patio de la casa de Hilarino, cuatro mujeres entretienen la tarde contemplando el paisaje y tomando el sol. Cuatro mujeres y cuatro edades, desde los cinco o seis años de la pequeña hasta los ochenta y tres de la mayor.

—Ochenta y tres, sí, señor. Y, en ochenta y tres años que tengo, éste es el primero que me suben en coche casi hasta aquí.

—¿Y qué le ha parecido? —le pregunta el viajero a la vieja ante la sonrisa complacida de Hilarino y las demás.

—Ah, muy bien —se ríe la vieja—. Esto —dice, alisándose el vestido con la mano y colocándose el pañuelo en la cabeza por tercera o cuarta vez— es ya como Madrid.

En Madrid precisamente vive Balbina Barrios —que así se llama la vieja—, «con un yerno y una hija, junto a la Puerta del Sol», y en Madrid y en Bilbao y en Barcelona y en Suiza *y aun en Australia y en Nueva York*, viven también muchos otros ex vecinos de Hilarino a los que, como a Balbina un día, el hambre y la desesperanza dispersaron de sus casas y alejaron de aquí. Algunos, como Balbina, vuelven por el verano a recordar tiempos pasados con los suyos y a abrir por unos días la casa familiar, pero otros, con mayor resquemor o peor fortuna, no han regresado nunca —y posiblemente ya nunca lo hagan— a este valle perdido del Curueño y a este pueblo escondido entre montañas que el destino o la inmisericordia les dieron para vivir.

—Cuando yo era joven —dice Balbina Barrios—, había aquí más de cuarenta vecinos. Y, en cambio, ahora, ya ve: cuatro y reñidos —apostilla mirando con pena a su alrededor.

Desde el corral de la casa de Hilarino, las casas de Valdorria cuelgan sobre el vacío en un vertiginoso y complicado laberinto mediante el cual consiguen finalmente no caerse rodando hasta el barranco ni arrastrarse unas a otras hacia su destrucción final. A cambio, los tejados de unas se apoyan sobre las otras, las calles pasan rozando los huecos de los postigos y los árboles de los huertos ven madurar su fruta justo enfrente de la puerta de la casa del vecino. Por estas calles y por estas cuestas, durante muchos siglos, los valdorrianos subieron y bajaron llevando sus ganados y guiando sus carros y trayendo en el verano la hierba de los prados en los *forcados*: una especie de trineos de madera o de carros sin ruedas rudimentarios (pero tremendamente útiles en este tipo de terrenos inclinados) que los hombres hacían en invierno con unos cuantos palos y que los burros arrastraban por las cuestas con gran sufrimiento y dificultad. Durante muchos siglos, las ventanas brillaron al sol llenas de ropa y las chimeneas de las casas recibieron desde lejos la llegada de sus dueños, olorosas a leña y a leche recién hervida, al caer de la tarde. Pero, hoy, Valdorria es ya prácticamente un pueblo abandonado. Hoy, 19 de agosto de 1981, a las seis de la tarde, y mientras al otro lado del monte los trabajadores y las palas del Estado se esfuerzan por unirlo con el mundo y con la civilización, Valdorria se aparece ante los ojos del viajero como un pueblo condenado a su despoblación total. Salvo en dos o tres casas (y aun cuando en estos días alguna más, como la de Balbina Barrios, haya vuelto a abrir sus puertas para acoger temporalmente a sus antiguos dueños y habitantes), el olor a cerrado y las hierbas salvajes se extienden por las paredes dándole a todo el pueblo un aspecto solitario y fantasmal. Vigas, postigos, cristales rotos, cerrojos y candados oxidados, una cama tirada en cualquier parte, un letrero que anuncia en una puerta la venta de una casa que nadie comprará jamás... Tras los portones viejos, el silencio se espesa como polvo en los corrales y, en los tejados rotos, el musgo crece fuerte, alimentado por las nieves del invierno y por el sol y las lluvias de los veranos. Todo, salvo las fuentes, parece estar ya muerto o a punto de morir. Todo, salvo las peñas, parece ya en Valdorria caído y clausurado y olvidado. Pero, de vez en cuando, al cruzar un portón, el viajero descubre unas gallinas picando en el abono o un perro que le mira amenazante vigilando el trabajo de su dueño en el corral y piensa que quizá no sea tarde todavía, que la carretera que llega tal vez salve a Valdorria de la muerte, que, por primera vez, quizá Dios se haya acordado de este pueblo y de estas gentes y haya decidido liberarles de sus muchos años de olvido y de soledad.

La ermita de San Froilán

Por el camino abajo, entre portón y portón y calle y calle, al viajero, sin quererlo, le ha salido un ayudante: un perro cojo que se acerca a lamerle y que, como el viajero lo acaricia en lugar de espantarlo (que debe de ser quizá a lo que está acostumbrado), ya no se vuelve a separar de él, mientras sigue en el pueblo, un solo instante.

Mientras sigue en el pueblo y mientras el perro puede ir tras sus pasos. El animal tiene una pata rota —seguramente por la rueda de algún carro— y camina dando saltos sobre las tres restantes, con gran sufrimiento y dificultad. Pese a ello, se empeña en seguirle a todas partes. Incluso, va tras él por el sendero que sale de Valdorria hacia la ermita que le ha dado fama al pueblo, ya que no prosperidad. Pero al perro le cuesta caminar sobre las piedras. Pasados ya los últimos tapiales de las eras y los primeros campos de lentejas (junto con la ermita, el segundo motivo de fama de Valdorria, y, en sus mejores tiempos, hasta de alguna suerte de prosperidad) el sendero abandona las sebes de los huertos y comienza a trepar directamente hacia la peña. El perro se duele de una de las patas buenas, resbala entre los guijarros, tropieza con la maleza y está a punto finalmente de caerse rodando monte abajo por el despeñadero del riacho. El viajero le acaricia la cabeza y le dice que le espere. El animal le obedece y se queda mirándole, parado entre las piedras, con una gran tristeza. Es la tristeza muda y dócil de quien nació para correr por estas trochas peñas y que sabe que quizá nunca más podrá ya volver a hacerlo.

Esa misma tristeza fue quizá la que invadió un día a otro perro —aquél más negro y más fiero—, que, hace ya muchos años, al decir de la leyenda, apareció por estas peñas por las que ahora va el viajero (despacio, con cuidado, sin atreverse siquiera a mirar a su derecha) para comerle el burro al ermitaño que en Valdorria se había establecido y por aquí tenía su cueva. Pero al lobo —que tal era en realidad la verdadera condición del perro— el burro se le atragantó antes aún de que hubiera podido empezar a comerlo. No había acabado todavía de matarlo cuando, de repente, apareció el ermitaño entre las peñas y, henchido de fervor y de iracundia franciscanos, hizo ponerse de rodillas a la fiera, la bendijo, le arrancó el arrepentimiento por la fuerza y, luego, le puso las alforjas del jumento y la obligó a subir durante varios meses las piedras necesarias para acabar la ermita que, con ayuda del burro, estaba construyendo en lo más alto de la peña. La ermita sigue allí, sobre el desfiladero, recortando su cruz y su tejado contra el cielo, pero del ermitaño y del lobo el viajero no encuentra ya ninguna huella. Uno, el primero, reposa para siempre en la leyenda después de que llegara a ser abad y obispo de León y santo universal de los alimañeros y del otro daría buena cuenta algún antepasado de *Matalobines* una vez que San Froilán —que tal era el ermitaño— le liberara de su condena. Lo único que hoy queda de todo aquello —aparte, claro está, de la ermita y la leyenda—, es el romance del lobo que al viajero le enseñaron en la escuela, la tradición de las rogativas que hasta aquí traen en procesión, con los pendones al viento, cada primero de mayo, a todos los vecinos de los pueblos del Curueño y los trescientos sesenta y cinco peldaños excavados en la roca (uno por cada día del año, según dice la leyenda) que el viajero ha tenido que subir para llegar hasta el alto de la peña. El viajero los hizo tan cansado —y tan impresionado por el precipicio que tenía a su derecha— que, obviamente, se acordó de todo, menos de llevar la cuenta.

Pero la subida merecía la pena. El impresionante paisaje que desde la explanada de la ermita se domina —y que hasta aquí queda oculto por la peña— justificaba por sí solo la subida de los trescientos sesenta y cinco peldaños excavados en la roca y de otros tantos, por lo menos, como ésos. Desde la explanada delantera de la ermita —apenas un balcón de dos metros de tierra colgado como un nido de buitres sobre el desfiladero— lo que el viajero ve es tan imponente y bello que, aunque quisiera, no podría olvidarlo en mucho tiempo. Monte abajo, entre las urces, a unos doscientos metros cuando menos de donde la ermita y él ahora se encuentran, el río de Valdorria se abre paso entre las peñas buscando su final en la cascada de Nocedo y, a lo lejos, frente a él, las siluetas azuladas de los montes de La Cándana y Sopeña señalan por el sur las fronteras ribereñas del Curueño. En medio, Peña Morquera, silenciosa y tranquila en esta atardecida de verano, pero con el recuerdo todavía en sus crestones de los ecos de la guerra; Vacesal, con sus enterramientos y ruinas medievales y su chozo de pastores en el prado de la fuente; Peña Negra, refugio de lobadas y de los legendarios guerrilleros de La Mata de los que, en los veranos ya lejanos de su infancia, tantas historias le contaron al viajero; y, en fin, la collada amarilla y calcinada por el fuego que separa y comunica por el sur el valle de Valdorria del que, en torno a La Vecilla, ha excavado con los siglos el Curueño.

Detrás de esa collada, a poco más de dos o tres kilómetros en línea recta, el viajero vería —si la montaña no se lo impidiera— los tejados de las casas de La Mata y, entre ellos, la ventana desde la que, siendo niño, él miraba esa collada mientras su abuelo le contaba que, detrás justo de ella, había otro valle y otro río y otro pueblo y una ermita colgada como un nido de buitres en lo alto de una peña.

Una noche en el balneario

Cae la noche cuando el viajero llega al balneario de Nocedo —después de desandar hasta Valdorria el camino de la ermita y el de Valdorria hasta la carretera— tan sucio y polvoriento que, cuando le ven entrar, todos, salvo el administrador, salen huyendo. Si sacudiese las botas, más de un bronquítico caería desmayado, seguramente, al suelo.

Pese a ello, el administrador, un hombre amable y joven, harto seguramente de tratar únicamente con reumáticos y viejos, no tiene inconveniente en incluirle por esa sola noche entre sus huéspedes. Incluso, como oficio, le admite sin problema el de *viajero*, pese a que no figure como tal en los catálogos, ni ofrezca por sí mismo ningún crédito. Y, tras hacerle la ficha y leerle el horario de la casa y el reglamento interno (un horario estricto y duro y un reglamento interno ciertamente intransigente; por ejemplo: a las once de la noche se cierra la puerta y nadie puede salir del balneario ni aun a tomar un café hasta el bar del pueblo) le enseña la zona de los baños y le da la llave de la habitación de enfrente.

Pero, a las nueve de la noche, la zona de los baños está cerrada ya hasta el día siguiente (al menos los de las *aguas mesotermales, mineralizadas, bicarbonatadas y alcalino-térreas, especialmente indicadas para los reumatismos musculares y nerviosos, las afecciones del corazón, los procesos bronquíticos y asmales y las hipertensiones duraderas —y excelentes, a temperaturas inferiores a los 18 grados, como aguas minerales de mesa—*, que anuncian con gran lujo de detalles los prospectos de la puerta) y el viajero ha de quitarse el polvo como puede en el lavabo de su cuarto, una pequeña habitación de no más de cuatro metros con un armario de luna, el lavabo, un orinal, una mesilla de noche y dos camas de la guerra. Para el viajero, no obstante, acostumbrado a

106

dormir en los pajares y sobre el duro suelo de los apeaderos, casi un derroche de medios.

Dicen quienes lo conocieron en sus mejores tiempos —los de los decadentes y felices años veinte— que este humilde balneario de Nocedo fue el lugar preferido, sin embargo, para sus veraneos y descansos, de cierta burguesía madrileña y leonesa de la época, que aquí solía pasar cada verano hasta dos y tres meses. *Cuando sólo veraneaban los que tenían que veranear*, que solía decir con sorna el abuelo del viajero, el pabellón del balneario era ocupado cada año por las mismas familias de siempre y por los largos séquitos de ayas, ayudantes, criadas y sirvientes que, cargados de maletas y baúles, acompañaban a los señores en sus anuales excursiones de verano a las entonces distinguidas y selectas Caldas de Nocedo. El álbum fotográfico del dueño y la memoria de los lugareños guardan recuerdo aún de las inevitables y tópicas imágenes de los *mercedes* negros paseándose por la carretera y de los grupos de bañistas posando para una posteridad lejana y amarilla ante la puerta. Pero llegó la guerra y aquellos tiempos se fueron para siempre. El balneario de Nocedo, que durante varios meses pasó de ser lugar de baños y de selecto esparcimiento de la élite a cuartel general de las milicias republicanas avanzadas por el ejército del Norte en los montes del Curueño, quedó arrasado finalmente por completo y, aunque reconstruido tras la guerra, ya nunca volvió a ser el que era. Volvieron, sí, algunas de aquellas viejas familias supervivientes, con sus *mercedes* y sus chóferes de siempre, pero las legendarias Caldas de Nocedo comenzaron poco a poco a decaer y, a partir de los cincuenta, ya sólo abren sus puertas para acoger cada verano, entre junio y setiembre, a una triste colonia de reumáticos y viejos como estos que ahora pasean en grupos por los pasillos o por los alrededores del balneario, esperando aburridos la hora de la cena.

La hora de la cena la señala puntualmente, como cada día desde hace muchos años, a las diez menos veinte, la campana de la mínima capilla que se alza junto al río, al lado mismo del pabellón de los huéspedes. A la llamada de la campana, poco a poco, como un dócil y doméstico rebaño, los huéspedes —algunos de los cuales ya esperaban apiñados al lado de la puerta—van pasando al comedor y ocupando en las mesas sus sitios de costumbre, quizá también desde siempre. El comedor, un gran salón desnudo y silencioso pintado en color crema e iluminado tenuamente desde el techo por cuatro o cinco globos de luz fría y macilenta, es el marco ideal para tal paisaje humano y para la triste cena que le espera: una sopa de verdura, cuatro croquetas de ave y una pera. Alimentos seguramente justos para la actividad diaria de los huéspedes y para sus diferentes regímenes dietéticos, pero apenas un ligero refrigerio para las necesidades de un viajero que hoy ha andado todos los kilómetros del mundo y subido todas las cuestas de la tierra. Pero, por fortuna para él, la camarera de su zona se ha puesto de su parte desde el primer momento. Tanto ella como su compañera deben de estar hasta la cofia de ver viejos (y, como el cocinero, en guerra muda y sorda con la empresa, cuyos representantes principales, con la familia del dueño al completo, están comiendo justo enfrente del viajero) y, disimuladamente, le refuerzan el menú con unas rajas de lomo y otra pera ante la sonrisa beatífica y galante del viajero. El viajero siempre ha sido agradecido, especialmente con las camareras.

Obviamente, el viajero es también el último en acabar de cenar y en levantarse de la mesa. La razón de su tardanza no está tanto en la mayor densidad y consistencia de su cena como en su indisimulado e inequívoco interés por conseguir quedarse a solas con las camareras. Un interés que parece encontrar cierta correspondencia en éstas, aunque no tanto en la estricta gobernanta encargada de vigilar el servicio y de velar por el buen orden de la empresa. La señorita Maruja, que así se llama la interna, lleva ya tantos años en la casa que manda casi tanto o más que el dueño. Y, como, además, éste se ha retirado ya, junto con su familia, a su vivienda (un caserón de piedra separado por un mínimo jardín del pabellón de los huéspedes) y el administrador ha tenido que bajar hasta León a un reumático que, al salir del comedor, ha tropezado y caído al suelo —quizá de desfallecimiento—, resulta ser que la señorita Maruja es ahora la encargada general, no sólo del servicio, sino también de los huéspedes:

—Haga el favor de ir acabando, que las muchachas tienen que recoger las mesas.

Está claro que la señorita Maruja no ve con buenos ojos al viajero. Acostumbrada al orden y a los viejos clientes de sus tiempos, está claro que el viajero no le ofrece ningún crédito y, si acepta su presencia, es solamente porque el administrador —que, a la postre, ha resultado ser también nieto del dueño— accedió, contra su voluntad, a darle alojamiento. Pero ahora el administrador no está y hasta que vuelva es ella la máxima autoridad del regimiento:

—Lo siento, pero no puede andar por los pasillos dando vueltas.

—¿Por qué?

—Porque ya hay gente durmiendo.

Lo de que la gente duerma o se despierte es lo de menos. Lo que la señorita Maruja en realidad no quiere —y el viajero en seguida lo comprende— es que éste ande ahora deambulando por la casa y, mucho menos, que se acerque a la cocina para intentar hablar con las camareras. El buen nombre de las Caldas y la honorabilidad de la familia y de la empresa están en juego. Por ello, y no por otra causa, le echó del comedor al acabar la cena y por ello le somete, del comedor a la cocina y de la galería a las habitaciones de los huéspedes, a una persecución sin tregua. Tratando de huir de ella, el viajero recala finalmente en el salón en el que ahora dormitan, frente a la televisión, cinco o seis viejos. La película que ponen esta noche no puede ser más adecuada e interesante para ellos: *La vejez luminosa*, de José Luis Sáenz de Heredia. Pero hasta aquí le sigue la estricta gobernanta de las Caldas de Nocedo. El viajero aún no ha acabado de sentarse y ya está ella asomándose a la puerta para ver si está allí dentro. Agotado, cansado de escapar por los pasillos y de que la gobernanta le vigile y le persiga como si fuera un verdadero delincuente, el viajero no tiene otro remedio que abandonar su empeño y retirarse a su cuarto a descansar y a tratar de reponer fuerzas para el día siguiente. Definitivamente, mientras la señorita Maruja esté despierta, parece imposible conseguir acercarse a las camareras.

Pero ya lo dice el viejo y sabio refranero: donde menos se espera salta la liebre. El viajero, rendido del camino y doblegado —contra su voluntad— al reglamento interno de la empresa, estaba ya durmiéndose cuando, de pronto, le despiertan unos golpes en la pared de su cabecera. Durante unos segundos, piensa, lógicamente, que es un sueño. Pero, antes de que se duerma, los golpes se repiten otra vez, rotundos e inequívocos y tan inconfundibles como que él ahora está despierto. Sorprendido, escucha atentamente hasta que por fin alcanza a distinguir, al otro lado del tabique, las risas y las voces de las camareras. Está claro que el viajero esta noche está de suerte: resulta que, sin saberlo, está durmiendo en la habitación contigua a la de ellas.

A partir de ese instante —y según consta en el cuaderno del viajero—, todo ocurrió con el mayor de los secretos. El viajero comenzó, según parece, respondiendo a los golpes de las camareras —al principio, suavemente; pero, en seguida ya, como es fácil comprender, como si en su habitación hubiera fuego— y, al final, hacia las dos o las tres de la mañana, sin poder contenerse ya más tiempo, acabó levantándose y saltando por la ventana en calzoncillos y descalzo desde su habitación a la de ellas. Pero, aunque a la señorita Maruja le costaría creerlo, el viajero es un caballero y, de lo que pasó después, no dejó escrito nada en su cuaderno.

CUARTA JORNADA

LAS HOCES DE VALDETEJA

Ideas de economía

A las nueve y media de la mañana, como tenía ordenado, al viajero le despiertan —en su habitación, por supuesto— unos golpes en la puerta. Es una de las camareras, completamente transformada y seria. Al parecer, las carreras de anoche han llegado a oídos del dueño y esta mañana ha habido reprimenda.

Lo que no hay es agua, ni jabón. Ni en las habitaciones ni en los baños. Los de las aguas termales acostumbran a servirse muy temprano y los de las normales, por alguna rotura o avería nocturna e inesperada, se han secado. Así que, aunque parezca imposible, en el balneario de Nocedo no hay agua para lavarse. Pero el viajero hoy se ha levantado eufórico después de haber dormido por primera vez en varios días entre sábanas y, sin pensárselo dos veces, coge la ropa y la toalla y, por el jardincillo, baja al río, que pasa justo al lado del balneario. Mientras se lava, metido en el agua hasta las rodillas, con los pantalones remangados y los pies descalzos, los reumáticos que ya toman el sol en el jardín después de desayunar y de tomar las aguas, le miran con envidia sentados en sus sillas y deseando tal vez en lo más hondo de sus almas que al viajero el agua del Curueño le haga daño y se quede como ellos y tenga que volver aquí cada verano a tomar las aguas.

Pero, al viajero, lejos de amedrentarle, el baño en el Curueño le levanta aún más el ánimo y, tras vestirse y peinarse —pulcramente, como un niño, para causarle buena impresión a la gobernanta—, se dirige al comedor para desayunar antes de que le cierren la cocina y se quede compuesto y con las ganas. Cuando entra, en el comedor están ya sólo cuatro viejos —repartidos, eso sí, por otras tantas mesas— aparte, claro está, de la señorita Maruja y de las camareras.

—Buenos días —las saluda cortésmente el viajero cuando entra.

—Buenos días —le responde con frialdad la gobernanta mientras las dos camareras guardan silencio.

Una de ellas le sirve el desayuno (éste ya sí al gusto y la medida del viajero: café con leche, mantequilla, mermelada de fresa y pan caliente) e inmediatamente empieza, junto con su compañera, a recoger las mesas libres y a prepararlas para el almuerzo. Con la señorita Maruja siempre encima, las muchachas no pueden perder tiempo. El viajero las mira de reojo cuando pasan por su lado tratando de leer en sus miradas o en sus gestos el alcance de la reprimenda, pero ellas bajan los ojos y se mantienen en silencio todo el tiempo, sabiendo que la gobernanta no les pierde de vista, ni a ellas ni al viajero, ni un momento. Al final, el viajero se queda solo en el comedor con la señorita Maruja y con los viejos sin que la gobernanta le haya dejado hablar ni acercarse tan siquiera a ellas.

El viajero, pues, tiene que abandonar el comedor —y el balneario— sin poder despedirse de las camareras. Le gustaría saber qué es lo que ha ocurrido esta mañana, conocer la intensidad y el alcance de la reprimenda, pero seguramente ya nunca podrá saberlo. A lo peor, incluso —piensa mientras se afeita—, a las pobres muchachas la broma de ayer noche les puede costar el puesto.

—¿Qué? ¿Se va ya? —le pregunta el administrador, sin ningún tono de reproche, cuando el viajero entra en su despacho para pagar la cuenta.

—Sí. Quiero llegar a comer a Valdeteja.

El administrador, que o bien no se ha enterado del escándalo o bien le da lo mismo lo que aquí pase en su ausencia, le hace la cuenta al instante y, luego, antes de que se vaya, le acompaña hasta el sótano para enseñarle el manantial que le da vida a la empresa. Un manantial profundo y oculto bajo una trampa, que brota de la tierra a casi treinta grados entre la orilla del río y la calzada romana.

—Sí. Según dicen —dice el administrador, volviendo

a cerrar la trampa—, estas termas las explotaron ya en su tiempo los romanos.

—Y los árabes —confirma don José Fierro, su abuelo (y dueño del balneario), cuando el administrador y el viajero regresan a su despacho.

Don José Fierro es un hombre ya mayor, oriundo de Lugueros y perteneciente a una familia de banqueros y empresarios que posee, entre otras muchas propiedades, ésta del balneario. Y, aunque, seguramente, ésta es la menos productiva e interesante, económicamente hablando, de todas las que tiene repartidas por España, don José, que es el menor de los hermanos, le tiene un especial cariño al balneario («por el recuerdo —dice— de mis antepasados») y lo mantiene abierto a pesar de sus pérdidas e, incluso, viene él mismo a pasar dos o tres meses de verano cada año. Lo que no obsta para que, aún en vacaciones y aquí aislado, siga pendiente de la difícil —según dice— situación económica de España:

—Lo que hace falta aquí es crear riqueza. Eso es lo que hace falta.

—Hombre, claro —dice el viajero, contestatario—. Y repartir la que haya.

—Claro, claro —asiente don José Fierro, paternal y tolerante, a sus palabras—. Y repartir la que haya. Pero, para repartirla, amigo mío, hay que tenerla. Y, para tenerla, hay que crearla, que, con la que hay, está claro que no basta. Así que digo yo que lo primero será crearla y luego ver cómo se reparte.

—No, no —vuelve el viajero a la carga—. A mí dígame primero cómo se reparte y luego ya veré yo si la creo o si me quedo en la cama mientras los demás trabajan.

—Pues así, amigo mío —dice don José Fierro, acompañando al viajero, junto con el administrador, hasta la puerta de la calle—, no vamos a levantar España.

—Los que la tiraron —le responde el viajero con una sonrisa, estrechándole la mano— que la levanten.

Y, sin esperar respuesta, se encamina hacia el puente, satisfecho y feliz de haber dicho la última palabra.

De nuevo en la carretera, con el Curueño a su derecha y a contracorriente, igual que siempre, el viajero se aleja rumbo al norte dejando a la otra orilla el balneario. El edificio, solitario y enorme en medio de las peñas, como un barco, parece un gigantesco transatlántico que se hubiera quedado aquí varado para siempre, con los mismos pasajeros y los mismos tripulantes de su último crucero envejeciendo día a día en la cubierta del jardín y viendo pasar la vida frente a sus ojos desde las escotillas de las ventanas.

Pero el viajero tiene aún toda la vida por delante. El viajero hoy está radiante después de haber dormido por primera vez en varios días entre sábanas y de haber desayunado como Dios manda y, de momento, tiene otras cosas mejores en que pensar que en el tiempo que se marchita por los pasillos del balneario. La primera, y la más importante, no pasarse de largo el caminillo que, según ayer le indicó *Matalobines*, sube hacia Villarrasil apenas dejada atrás la popa del transatlántico.

En efecto. A unos doscientos metros del balneario, justo enfrente de la casa de los dueños y al lado del cartel de la carretera que anuncia a los que bajan de las hoces la presencia de las Caldas, el viajero descubre el nacimiento de un camino que parte hacia la izquierda, monte arriba, entre unas zarzas. Es un sendero estrecho, retorcido, con aspecto de estar casi abandonado. Desde la carretera, se le ve trepar entre las sebes de los prados para perderse después, ya en la falda del monte, bajo la fronda espesa y verde de los árboles. Sin embargo, ni junto a la carretera ni en el bosque se ve ninguna casa. Y, más arriba, la propia peña, que no es otra que la blanca de Valdorria vista ahora por su espalda, impide ya claramente toda posibilidad de que las haya. El viajero duda unos segundos, pero, como en los alrededores no hay nadie a quien poder preguntarle (salvo que regresara a hacerlo nuevamente al balneario, posibilidad que descarta de inmediato), decide finalmente comprobarlo por sí mismo y andar algunos metros el camino, por lo menos hasta los árboles.

El camino, apenas abandonar la carretera, se encrespa y coge fuerzas y trepa casi en línea vertical entre los prados. La ladera del monte está muy empinada y el viajero tiene que ir andando con cuidado para no resbalar y caerse o, en el mejor de los casos, regresar varios metros marcha atrás sobre sus pasos. Hay, además, espinos que sobresalen, ortigas que se confunden entre los cardos y multitud de zarzas que crecen en las cunetas y que se cruzan y entrecruzan, a su paso, por delante. A medida que avanza, y sobre todo cuando llega ya y se interna, sin ver nada, entre los árboles, el viajero está más convencido cada vez de que aquí es imposible que pudiera haber habido nunca ningún pueblo, ni siquiera una casa de ganado, y de que el camino que lleva no conduce a ninguna parte. La prueba es —piensa mientras otea el paisaje— que ya está en pleno monte y lo único que ha visto hasta el momento son árboles y zarzas. Pero, de vuelta hacia la carretera, al pasar otra vez entre los árboles, el viajero ve de pronto también un muro roto y, en el muro, la abertura inequívoca y las piedras labradas de una ventana.

El muro no está solo, aunque sí es el mayor trozo de cimiento conservado. A su alrededor, semiocultos por las ramas de los árboles, grandes montones de piedras y fragmentos de cimientos y paredes surgen de entre las zarzas como espíritus de un bosque atormentado. Más allá, una viga hundida. Y un cesto. Y una lata. Y la argolla del pesebre de una cuadra. Y, entre los paredones y cimientos de las casas, como si de una civilización perdida o de un bosque encantado se tratara, los rastros de los corrales y de las calles, ya bajo los helechos y entre las zarzas, y los frutales de los antiguos huertos —los cerezos, los guindos, los manzanos, los membrillos, los nogales— todavía con fruta pudriéndose en sus ramas después de tantos años. Resulta que el viajero estaba en Villarrasil desde hace rato y no se había enterado.

Mientras desanda el camino, llevando en la mochila un puñado de cerezas que les robó a los pájaros, el viajero recuerda a *Matalobines* sentado ante la puerta de su casa y, por primera vez en muchos años, aquel extraño cuento que su abuelo le contaba cuando niño, en los veranos ya lejanos y perdidos de La Mata: *Villarra-*

sil, Villarrasil / Siete casas y un molino / El molino lo
llevó el río / Villarrasil quedó perdido.

El puente de los Verdugos

A partir de Villarrasil —o, mejor dicho, a partir del
balneario—, la carretera del Curueño entra, y el viajero
lo sabe, en territorio deshabitado. Éstos son ya los últimos reductos de la presencia humana. Durante varios
kilómetros, el viajero no volverá a hallar ya ningún pueblo ni a cruzarse en su camino, posiblemente, con nadie.

A partir de Villarrasil, en efecto, y hasta las puertas
mismas de la Tolibia de abajo, ocho kilómetros al norte
del balneario, la carretera del Curueño entra de lleno
en el impresionante abismo de las hoces que el río ha
quebrantado en plena roca para poder abrirse paso. De
vez en cuando, un mínimo vallejo o un ensanchamiento
fugaz de la quebrada le permitirán al viajero salir del
callejón sin horizontes en que caminará a partir de ahora y hasta mañana. Pero, en lo general, las hoces de
Valdeteja, como se le llama en estas tierras al bellísimo
y brutal desfiladero que el Curueño atraviesa entre Tolibia y el puente del balneario, apenas le permitirá otra
cosa que la contemplación emocionada y solitaria de un
paisaje tan hermoso como sobrecogedor y tan especta-
cular como perturbador para el espíritu y el alma. A un
lado y otro, las peñas, atormentadas y amenazantes, apenas ya con algún arbusto mínimo prendido de sus grietas y sus tajos; arriba, un trozo de cielo, casi siempre
ennubarrado; y, abajo, y entre las peñas, disputándose
con saña el minúsculo pasillo que éstas les vienen dejando, la carretera y el río y la calzada romana. La roca,
caliza y gris, está llena de agujeros y de cuevas donde
debieron de vivir seguramente, hace ya miles de años,
los primeros habitantes de estos valles (y donde los pastores guardan aún, en los días de tormenta o de ventisca, sus ovejas y sus cabras) y el pasillo se halla atrave-
sado por las piedras y los puentes milenarios que dejaron de recuerdo y como huella de su paso los romanos.
Poco, prácticamente nada, ha cambiado con los siglos
este inhóspito y bellísimo paraje. Salvo la carretera,

que a veces rompe la roca y a veces se superpone, cruzando el río a su encuentro, a la calzada romana, y los tendidos y los postes del teléfono, que saltan constantemente entre ambas, todo en las hoces de Valdeteja está igual que hace mil y dos mil años. El río sigue su curso ajeno desde su origen a cuanto ocurre a su lado, las cabras siguen pastando entre las grietas de la quebrada y, por la orilla opuesta a por la que van la carretera y el viajero, la calzada romana continúa remontando los abismos del Curueño y sus inesperadas y temidas emboscadas, ahora ya prácticamente para nadie. Sólo los puentes de los romanos —y los que, sobre sus cimientos, levantaron a lo largo de los siglos las gentes de estas montañas— guardan memoria en sus piedras del paso feroz del tiempo por este brutal paisaje.

El del Ahorcado (o de los Verdugos, que en esto no se pone de acuerdo nadie) aparece ante los ojos del viajero de repente, al doblar una curva, dos kilómetros al norte del balneario. Al pie del Cueto Ancino, que aquí llaman Pico Huevo (en este punto, sí, todos de acuerdo en no respetar los mapas), el puente traza su curva de piedra sobre el Curueño, elegante y bellísimo como el salto de un ángel. Tiene, según los libros, «quince metros de luz por nueve y medio de alto y tres y medio de ancho, constituidos por una sola bóveda de cañón cimentada sobre roca, petos de protección, estribos de sillarejo y mampostería y una rasante alomada y pavimentada con tierra y cantos rodados», todo lo cual les hace deducir a quienes verdaderamente entienden en este tipo de artes que el puente de los Verdugos (o del Ahorcado) «puede fecharse sin ningún lugar a dudas en la época de la dominación romana». Ésta es literalmente la descripción del puente de los Verdugos (o del Ahorcado) según los libros y los catálogos. Lo que no dicen los libros ni los catálogos, pero sí anotó el viajero en su cuaderno con cuidado, es que el puente de los Verdugos (o del Ahorcado) está ya en estado galopante de ruina, con la mitad del peto norte derrumbado, los estribos y sillares removidos y una parte de la caja desplomada (hasta el punto de que ya sólo es posible atravesarlo por un lado y con peligro), sin que a nadie parezca preocuparle demasiado, y que, de este bello puente, hace ya muchos años, y según al viajero le contaron en La Braña, colgaba la justicia de estas tierras a los bandidos para que sus cadáveres sirvieran de alimento a los buitres y de escarmiento y ejemplo a los caminantes. Por eso, y no por otra razón, se le llama de los Verdugos o del Ahorcado, según de qué parte esté, posiblemente, el que habla.

Paco, en los caseríos

El viajero, obviamente, y en situación normal, estaría de parte de los ahorcados, fuese cual fuese su delito o la razón por la que hubieran sido condenados, si no fuera que ahora es él el que camina por las hoces expuesto a cualquier percance. Y, como, por otra parte, la soledad de la carretera le rodea y ahoga desde hace ya un buen rato y el bramido del río y su eco entre las peñas son cada vez mayores y más impresionantes, el viajero, mientras camina a buen paso, comienza poco a poco a renegar de sus creencias y a ponerse de parte de los verdugos y de los jueces, por si acaso. A la tercera o cuarta curva, sin embargo, oye voces y ladridos a lo lejos, ve cómo el valle se abre y, cuando por fin descubre varias casas de ganado al otro lado, reniega de su traición de hace un instante de inmediato y se vuelve a poner de nuevo de parte de los ahorcados. Como se puede ver, el viajero no es precisamente ningún héroe ni, mucho menos, un mártir.

—Ni yo —le dice un niño pequeño que está sentado en el puente que hay a la entrada del valle—. Yo estoy aquí esperando a mis padres.

—¿Y de dónde son tus padres?

—De Valdeteja. Pero vivimos en Santander desde hace años.

El niño (o lo que sea, que el viajero no ha olvidado todavía al de Ambasaguas y por eso se ha abstenido de preguntar demasiado) se llama Paco. El niño (o lo que sea) debe de tener diez u once años y está aquí ya, según dice, desde hace más de una hora esperando a que lleguen sus padres y unos tíos que han venido de

Argentina este verano para comer junto al río unos corderos asados.

—¿Y quién los asa?

—Mi tío —dice Paco con orgullo familiar y transatlántico—. Clava una estaca en el suelo y le va dando vueltas al cordero hasta que se *churrusca* la carne. Es como los asan allí, en la Pampa.

—¿Y tú has estado en la Pampa?

—No; pero mi tío me ha dicho que, si me deja mi padre, me lleva para otro año. Mi tío es muy rico, ¿sabe? Tiene pozos de petróleo y hasta barcos. Y más vacas él solo que entre todos los pueblos de esta montaña.

—Pues menudo trabajo para ordeñarlas.

—Ya —dice Paco—. La verdad es que no sé cómo puede dar abasto.

En Valdeteja no tienen tantas vacas como en la Pampa, pero tienen, a cambio, la ventaja de que pueden ordeñarlas con mucho menos trabajo. En Valdeteja, ciertamente, no tienen tanto ganado como el tío de Paco, pero, por eso precisamente, pueden alimentarlo todo el año sin necesidad siquiera de sacarlo de las cuadras. Para ello, los vecinos del pueblo, que está en un valle al lado de las hoces, a unos cuatro kilómetros en cuesta de donde ahora se encuentran el viajero y Paco, han construido estos pequeños caseríos en los que guardan en verano la hierba de los prados que hay delante para que les sirva de reserva en el invierno, cuando comienza a escasear la que tienen recogida en los pajares de las casas.

—¿Y desde aquí tienen que subir la hierba a cuestas hasta el pueblo?

—No, hombre, no. Lo que hacen es bajar las vacas.

Las vacas de Valdeteja bajan hasta aquí en invierno, más o menos hacia la Nochebuena, según Paco, para comer la hierba almacenada por sus dueños en verano; la familia de Paco vive en Santander de octubre a mayo y regresa a Valdeteja en el verano; sus tíos, los de Argentina, se pasan en la Pampa todo el año ordeñando las vacas y los pozos de petróleo para poder volver a asar corderos a la estaca junto a los caseríos de Valdeteja cada verano; y el viajero, que, como buen vagabundo, es solitario y errante, vegeta por el invierno por las ciudades para poder andar los caminos por el verano. Salvo los caseríos, que aquí siguen sin moverse año tras año, inmóviles junto al río como fantasmas, y salvo la arenera que alguna vez hubo a su lado y cuya maquinaria, abandonada, aquí sigue oxidándose desde hace Dios sabe cuántos años, está, pues, claro que todos, hombres, río y animales, en mayor o en menor medida, son trashumantes. Todos, salvo los caseríos y la arenera y salvo la leyenda del monasterio de los monjes bernardos que, al decir de las crónicas, aquí hubo en la Edad Media y cuyos restos, como los de los caseríos y como los de la maquinaria de la arenera a la vuelta de unos años, yacerán seguramente sepultados bajo el inmenso bosque de avellanos y de hayas que recorre, escoltando al arroyo que baja de la collada, de este a oeste y hasta el río, todo el valle.

—¿Qué? ¿Todavía no llegaron? —le pregunta el viajero, al volver donde el puente, a su amigo Paco.

—No. Y ya me estoy cansando de esperarlos —dice Paco con una sonrisa, tirando otra piedra al agua.

El fraile samaritano

Río arriba, a unos quinientos metros de los caseríos, el viajero encuentra el nudo de Los Puentes y el desvío de la carretera que sube a su izquierda, en dirección a Valdeteja y a Valverde y a los primeros pueblos, por esta vertiente, de la vecina cuenca del río Torío. El nudo de Los Puentes, en realidad, ya no existe. Los dos que aquí hubo en tiempos (y que servían para unir la calzada romana del Curueño con el ramal que subía a Valdeteja y seguía, a través de la collada, hacia el Torío) los volaron en la guerra los soldados republicanos para dificultar el avance de los sublevados hacia Asturias y ya sólo pueden verse, a ambas orillas del río, los muñones tajados de sus estribos. Pero la carretera de Valdeteja sigue en su sitio, esperando al viajero desde hace un siglo.

El viajero, a la vista del letrero —«A VALDETEJA, 2,2 KM»— y de la cuesta arriba, se sienta a descansar a la orilla del río, fuma un cigarro, se refresca con deleite los pies entre las truchas y, tras encomendarse a Dios y a todas las santas vírgenes, esconde su mochila entre unas zarzas y comienza a subir la cuesta lentamente, tratando de no hacer más que el esfuerzo mínimo imprescindible. El viajero sabe ya por experiencia que, en cuanto se separe de la orilla del Curueño, empezarán los sufrimientos y los suplicios.

Tiene razón el viajero. Aunque ésta sea más corta y llevadera, y aunque la carretera y los chopos la dulcifiquen, la subida a Valdeteja no tiene mucho que envidiar a la que ayer sufrió el viajero para llegar a Valdorria collada arriba. No en vano, Valdeteja y Valdorria están los dos muy cerca por el monte uno del otro, separados solamente por la peña que le da nombre a este último, y a altitudes y en valles y a distancias del Curueño parecidas. El viajero, sin embargo, va subiendo poco a poco la garganta entre las peñas y, por el recio puente —más de cuarenta metros de construcción maciza para apenas un suspiro de agua dulce— que sustituyó al antiguo, atraviesa el arroyo de Valdeteja y se interna entre los prados que anticipan al viajero la presencia del pueblo al que se aproxima.

—¿Queda mucho? —le pregunta a una señora que sube con las vacas por la cuesta haciendo punto.

—Nada. Detrás de esa curva —le dice la señora, sin dejar por ello de andar ni de hacer punto.

Detrás de los nogales de la curva, al final de la cuesta que el viajero ha venido subiendo sin descanso prácticamente desde el desvío, Valdeteja se aparece, en efecto, ante sus ojos luminoso y brillante como una postal turística bajo el resplandeciente sol del mediodía. El pueblo, de piedra y teja —piedra parda y labrada y teja roja y fuerte como los corazones, quizá, de sus vecinos—, se extiende dulcemente entre los prados, a la izquierda de la carretera, vigilando la entrada al hermoso valle verde que se abre de repente entre las peñas, suspendido —a más de cien metros— sobre la orilla del río. El valle, que algunos llaman de la Alegría y los más de Valdeteja simplemente, como el arroyo que lo atraviesa y como el pueblo que lo vigila, es tan hermoso y tan verde, y tan resplandeciente ahora bajo la luz azul del mediodía, que al viajero, más que un paisaje, le parece realmente un espejismo.

—No, si bonito es bonito. Pero venga usted en invierno y verá qué frío —le dice la señora de las vacas alejándose por la calle hacia su casa sin dejar de mirarle ni de hacer punto.

Al señor Antón, el dueño de la cantina de Valdeteja, el frío, sin embargo, no le asusta. El señor Antón tiene ya ochenta y un años cumplidos —«nací con el siglo», dice— y está tan encorvado y retorcido que ya no debe de sentir ni el calor ni el frío.

—Es la tierra, que me llama —le confiesa al viajero cuando vuelve, arrastrando los zapatos por las tablas, con el vino.

—Hombre, ya será menos —intenta animarle éste, esbozando para ello la mejor de sus sonrisas.

—Lo que yo le diga —insiste el viejo, sin entonación especial ni emoción ninguna.

Al señor Antón, que nació con el siglo, la tierra ya le llama, según él mismo dice, y por eso está tan encorvado y retorcido. El señor Antón, tan encorvado y tan flaco que parece, más que un hombre, el esqueleto del que hubo, está tan agotado y tan cansado de la vida que ya solamente espera, según él mismo dice, a que se cumpla cuanto antes y de la mejor forma posible su destino.

Pero el viajero es joven todavía y, mientras se cumple el suyo, espera cuando menos, ya que no librarse del calor o de la lluvia cuando anda, como hoy, por los caminos, sí al menos comer caliente todos los días.

—Lo siento, pero no tengo nada —le dice el señor Antón, que, como ya sólo espera la muerte, seguramente ya ni come, ni cena, ni desayuna.

—¿Ni una lata?

—Ni una lata —dice el viejo, mostrándole al viajero el desguarnecido armario que hace las veces de estantería.

Una luz seca, brutal, incandescente, como de resplandor de un hierro de cocina al rojo vivo, barre las calles de Valdeteja cuando el viajero abandona la cantina del *tío* Antón buscando la caricia de la luz y alguna forma de solucionar el gran problema que se le viene encima:

ni en Valdeteja, ni en Valverde, ni en ningún otro lugar ya hasta Tolibia o hasta las ventas de Getino —a nueve o diez kilómetros al otro lado de la collada que separa y divide las aguas del Curueño y del Torío—, encontrará fonda o mesón donde poder comer ni tienda en que comprar una barra de pan y cuatro latas para salir por su cuenta y a la sombra de un negrillo del apuro. Lo de las latas tampoco sería, incluso, imprescindible. En la mochila misma, el viajero trae alguna —junto con un poco de queso y de chorizo— y sólo sería cosa de aguantar un par de horas hasta volver, después de ver Valverde y la collada, junto al río. Pero lo del pan se presenta, ciertamente, más difícil:

—Lo siento. Pero, si se lo doy a usted, luego me quedo yo sin él y aquí el panadero no vuelve hasta dentro de dos días —se disculpa con pesar una señora a cuya puerta el viajero ha llamado pidiendo ayuda.

—¿Y si se lo pago?

—Lo mismo. ¿Para qué quiero yo el dinero —filosofa la señora— si luego me quedo sin pan dos días?

Abatido, solitario y huraño como un lobo y temeroso de sí mismo, el viajero atraviesa las calles de Valdeteja arrimado a las sombras y sin encontrarse a nadie en su camino. Son las dos y cuarto de la tarde y todos los vecinos están ahora comiendo en las cocinas. Abatido, solitario y huraño y hambriento como nunca, el viajero va viendo por las calles y en los huertos, a su paso, gordos pollos de corral y corderos de leche y lechugas tiernísimas, mientras escucha el repicar de las cucharas en los platos y percibe, a través de las ventanas entreabiertas, el aroma profundo de las ollas familiares y del arroz con leche y las natillas que reposan, refrescándose, en lo más hondo de los frigoríficos. Abatido, solitario y huraño y hambriento y mareado y al borde del suicidio, el viajero duda un instante si volver sobre sus pasos —dejando a medio andar el valle de la Alegría— para comer a palo seco y a la sombra de un negrillo lo que tiene en la mochila, pero, al final, la tentación del hambre puede menos que su espíritu (y que los dos kilómetros de cuesta que ha dejado ya entre él y la mochila) y decide seguir camino hacia Valverde y posponer la comida hasta que vuelva por la tarde junto al río.

Dios, que es misericordioso y clemente, y sus cinco mil vírgenes, deben de ser los que le han aconsejado el buen camino. El viajero aún no ha dejado todavía atrás el pueblo —oloroso a comida y aplanado y desierto bajo el sopor solar y familiar del mediodía— cuando de repente ve, al doblar una curva, un enorme caserón de piedra y teja y, en el portalón del porche, a un hombre y a un muchacho que comen mano a mano una tortilla.

—Venga para acá, buen hombre, que donde comen dos comen tres y, en todo caso, algo quedará por la cocina —le llama el hombre al viajero, sin que éste haya dicho nada, al verle, seguramente, tan solo y desfallecido.

—Ave María Purísima —dice el viajero acercándose y aceptando sin hacerse de rogar la invitación recibida.

Mejor saludo, la verdad, no podía habérsele ocurrido. El de la invitación resulta ser un fraile —«padre Ildefonso Rodríguez, de los misioneros del Sagrado Corazón de Jesús, para servirle a Dios y a usted si me necesita»— y el muchacho es un antiguo alumno de su Orden que ha venido esta mañana de León a hacerle una visita. El muchacho está de paso en Valdeteja —aunque no tanto como el viajero, mirando la tortilla, desearía—, pero el fraile pasa aquí todo el verano descansando y dirigiendo al mismo tiempo, según dice, las vacaciones de los chicos que llegan en turnos a este albergue-residencia que él mismo ha promovido y construido.

—¿Y dónde están ahora los chicos?

—De excursión. Por esas peñas de por ahí arriba —dice el padre Ildefonso señalando con la mano las que hay justo detrás del edificio.

El padre Ildefonso las conoce bien. El padre Ildefonso es de Sopeña —el pueblo en que al viajero le regalaban un perro el otro día—, pero a los ocho años vino de motril aquí y por eso ha levantado en Valdeteja este albergue de verano, mezcla de seminario y de casona montañesa, que lleva el hermoso nombre de «*Valle de la Alegría*».

—De castaño y de roble. Y de piedra del Villarín, un valle que está ahí cerca de La Braña y que da la mejor piedra de toda esta montaña —dice el padre Ildefonso, satisfecho de su obra, trayéndole al viajero un plato y un cubierto para que comparta con ellos la tortilla.

Loado sea Dios misericordioso y clemente y sus cinco mil vírgenes, que trajeron hasta este rincón de la montaña al padre Ildefonso Rodríguez. En este valle de lágrimas que ahora lo es de alegría por obra y gracia exclusivas suyas, no sólo hay pan y tortilla —y queso y salchichón y hasta un poco de jamón y de cecina—, sino que ni siquiera faltan unos pasteles de hojaldre y una taza de café que el ex seminarista y el fraile endulzan, en lugar de con azúcar, con miel de la abadía de Valvanera, el seminario riojano del que aquél se fugó un día atraído por las pompas y placeres de este mundo y en el que, por fortuna, el padre Ildefonso sigue para poder volver a Valdeteja cada año a socorrer a los pocos viajeros que se atreven a cruzar sin pan y sin mochila estos caminos.

El profeta de Valverde

Son las cuatro de la tarde, el sol pega con fuerza en los tejados y en el patio del albergue y la conversación languidece al ritmo del café y de los cigarros por meandros escolares y anecdóticos —los de los recuerdos comunes del fraile y de su antiguo alumno— que al viajero, lejos de interesarle, empiezan a sumirle poco a poco en una suave y dulce duermevela por más que, por considerar él mismo de mala educación quedarse dormido ahora, después de haber comido y bebido merced a la hospitalidad del «Valle de la Alegría», intente con gran esfuerzo seguir la conversación de los dos amigos. Pero, en cuanto empiezan a hablar de las misiones, y, sobre todo, cuando el ex seminarista le pide al fraile que les enseñe la capilla que éste acaba de erigir junto al albergue con intención de que algún día se convierta en una ermita, el viajero, cuya fe era sólo interesada y le duró por tanto lo mismo que la tortilla, decide sin más trámites batirse en retirada y aprovechar el momento para despedirse:

—Muchas gracias por todo —dice estrechando la

mano del autor del albergue y de su resurgimiento físico.

—De nada, hombre —le devuelve el fraile el saludo—. Pero ¿no espera a ver la capilla?

—No, gracias —miente sin compasión—. Ya volveré otro día.

Por la carretera arriba, camino de Valverde, el viajero va deprisa, esquivando los baches y mirando hacia atrás cada poco para asegurarse de que el ex seminarista no le sigue. El fraile, por lo menos, era noble y comprensivo, pero su antiguo alumno tenía tal vocación redentorista —pese a no estar ya en activo— que no le extrañaría nada que saliera detrás de él y le siguiera hasta Valverde para intentar convertirle. Pero, por fortuna para él, ni el ex seminarista ni el fraile le siguen. El sopor de la siesta es tan intenso y el bochorno tan pegajoso que ambos estarán ahora en la capilla, a la sombra de los bancos y de los crucifijos, cantando a cuatro voces ellos solos las alabanzas del Señor y de sus cinco mil vírgenes.

—Pues corra, corra, que viene usted a buen sitio —le previene al viajero un chico joven que está a la sombra de un árbol, a la entrada de Valverde, leyendo un libro.

—¿Por qué? —le pregunta el viajero, parándose a su lado a fumar un cigarrillo.

—Pues porque éste —dice el chico— debe de ser el pueblo con más curas y monjas de toda la provincia.

El chico, que es universitario y estudia en Oviedo Psicología, no parece, sin embargo, demasiado influenciado por el fervor religioso de sus vecinos. El chico, como buen estudiante, es un racionalista y, aunque también cursó sus primeros estudios en un seminario, ve las cosas de distinta manera y con ojos más críticos:

—Es que, aquí —dice—, la única posibilidad que la gente tenía de estudiar era ir a un internado de monjas o de curas.

Valverde, aparte de sus monjas y sus curas (y de sus estudiantes de Psicología), es un pueblo cargado de fruta. Bajo el fulgor del sol, los huertos resplandecen y los árboles se doblan rebosantes sobre los tejados de las casas y sobre los palenques y los cables de la luz y del teléfono. Guindos, cerezos, manzanos, perales y nogales se alternan y entremezclan en los huertos perfumándolos y llenándolos de luz y de un sinfín de aromas y colores confundidos. Un espectáculo frutal y un aluvión de aromas y colores que sólo el estudiante y el viajero pueden ver, pues, a esta hora, en Valverde, todos duermen la siesta detrás de las ventanas de las casas que ahora guardan los visillos.

—No crea —dice el universitario—. Que yo no soy el único.

—El único, ¿en qué?

—El único en no ir a misa.

—¿Ah, no?

—No, señor, no. Aquí, en Valverde, ha habido también brujos, y magos, y expertos en quiromancia, y hasta un profeta científico.

—¿Cómo has dicho?

—Eso, lo que ha oído —dice el chico—: hasta un profeta científico.

El viajero aplasta su cigarro y se queda mirándole como si dudara de que esté hablándole en serio o practicando con él sus conocimientos de Psicología. El viajero aplasta su cigarro y se queda mirándole, mientras intenta imaginar sin conseguirlo lo que pueda en verdad significar ser un profeta científico.

Y, como no logra imaginarlo, lo pregunta:

—¿Y qué hacía?

—Pues eso: profecías —dice el chico, satisfecho de que, al fin, el viajero esté otra vez en manos suyas.

—¿Profecías? —repite el viajero como para sí mismo—. ¿Qué tipo de profecías?

—Hizo dos, principalmente, al menos que se sepan. La primera, que ya se ha cumplido, es que el hombre llegaría a la Luna en este siglo.

—¡Bah! Eso ya se sabía —dice el viajero, soberbio y en tono un tanto despectivo.

—¿En 1915? —le responde, más que pregunta, el estudiante de Psicología.

Pues no. La verdad es que, en 1915 —tiene que reconocer el viajero, avergonzado de sí mismo y arrepentido—, no sólo no se sabía, sino que era difícil ciertamente predecir que alguna vez el hombre llegaría a pisar la Luna. Sobre todo en un pueblo como éste, que entonces no tendría todavía ni luz, ni carretera, ni teléfono, ni siquiera una radio para escuchar las noticias.

—¿Y la otra? —le pregunta el viajero al estudiante, ahora ya en tono mucho más humilde.

—La otra —dice éste— es de tipo darwinista y aún no se ha cumplido. Pero está a punto.

—Y consiste... —se anticipa el viajero, impaciente por conocer la segunda y aún pendiente profecía.

—Pues consiste —dice el chico, sonriendo— en que, según parece, llegará el día en que los hombres, acosados por las mujeres, volveremos a subirnos a los árboles como cuando éramos gorilas.

Antes de que el muchacho siga, el viajero, sobrecogido, se despide de él y, sin entrar en Valverde (desde la carretera, el pueblo seguramente más hermoso de todos los que ha visto hasta aquí arriba), continúa su marcha en dirección a la collada, alegrándose de que, por estar todos durmiendo, no se haya cruzado con nadie, sobre todo del sexo femenino. El viajero, aunque es hombre mujeriego —o quizá, por eso mismo—, les tiene tanto miedo a las mujeres como a las profecías.

Letanía del frío

De Valverde hasta el alto de la collada, hay apenas un kilómetro y medio de camino, pero es tan empinado y tortuoso que al viajero le parecen cuatro o cinco.

Desde Valverde, en efecto, y hasta la cumbre de la collada que lleva, como las hoces, el nombre de Valdeteja, la carretera salva casi las dos terceras partes de los trescientos metros de altitud de diferencia que hay entre el puerto y el río. La carretera sube, pues, dando curvas y más curvas, bordeando las laderas de las peñas y ganando en cada cuesta, aparte de terreno, otro poco más de altura. Hasta la collada misma, los prados la acompañan dándole a las cunetas un poco de verdor y de frescura, pero los árboles desaparecen prácticamente del todo casi a mitad del camino. A esta altitud —1.385 metros según el mapa del viajero y tres menos según el letrero que hay arriba— sólo las urces y los piornos pueden resistir ya las terribles nevadas y el frío.

Éste era, sin embargo, el lugar sagrado de las gentes de estas montañas y de las de los vecinos valles del Bernesga y del Torío. Aquí, en estos verdes prados que ahora brillan, solitarios, bajo el sol, sin nadie que los pazca ni los pise, se reunían hace siglos los justicias de esta tierra —dos por cada uno de los ríos— para, en consejo público, dirimir los pleitos comunales y privados que, a lo largo del año, se hubiesen producido. Todavía se conserva, de hecho, en Genicera —el primero de los pueblos, cruzando la collada, del valle del Torío—, un cántaro bimilenario de madera y una copa labrada de plata maciza por los que los congregados bebían el vino de la paz antes de impartir justicia y todavía recuerdan los más viejos de estos pueblos que, cuando los pastores trashumantes de Sancenas, el impresionante y fértil puerto que corona las montañas de Valverde y Genicera, festejaban su llegada o su partida, todos los asistentes a la fiesta bebían por la copa y por el cántaro mientras comían sentados en los prados en que el viajero está tumbado ahora boca arriba la sabrosa e inevitable caldereta de cordero y las no menos inevitables y sabrosísimas migas.

Pero por lo que el viajero más recuerda esta collada es por el frío. Aunque ahora brille, agostada y sedienta por el sol del verano bajo el fulgor brutal de la canícula, el viajero recuerda esta collada, más que por su leyenda o por la copa de plata y el cántaro de Genicera, por la letanía del frío. Esa vieja y repetida letanía que recorre los mapas de España, y sus televisores, cada invierno y que tiene Viella —en Lérida— y las portillas galaicozamoranas del Padornelo y de la Canda en sus extremos y que, en León, se repite cada año y cada día con monótona y mimética insistencia: cerrados al tráfico o con necesidad del uso de cadenas a causa de la nieve, los puertos de Monteviejo, San Glorio, el Pontón, Tarna, Las Señales, San Isidro, Pajares, Leitariegos, Somiedo, Piedrafita, el Manzanal y las colladas de Cármenes y de Valdeteja...

De nuevo junto al río, tras desandar los seis kilómetros que separan la collada de Valdeteja de su orilla, el viajero pone otra vez rumbo al norte caminando a buen paso por el medio de la carretera. Son las siete y media de la tarde y en el desfiladero de las hoces ya anochece.

El viajero, que, al volver, recogió su mochila y, al recogerla, se prometió a sí mismo no volver a dejarla en ningún sitio por mucho que le canse o que le pese, sube feliz y contento, satisfecho de que nadie le robara la mochila y feliz por el camino que, en lo que va de jornada, lleva hecho: más de quince kilómetros cuesta arriba y cuesta abajo desde que salió a las once en punto de las Caldas de Nocedo. A pesar de la distancia, sin embargo, y de las curvas y más curvas que van dando a cada paso tanto el río como la carretera, el paisaje que va viendo en torno a él es casi idéntico. A un lado y otro, las peñas; arriba, el cielo, entre ellas; y abajo, y en el centro, la calzada romana y el río y la carretera. Durante largo trecho, los tres siguen unidos —y paralelos— repartiéndose el pasillo del desfiladero, pero, luego, la calzada se desvía a la derecha y se pierde monte arriba por un mínimo vallejo —el valle de Valcaliente, según el mapa-guía del viajero—, justo enfrente de un pequeño puentecillo de madera sostenido sobre una cercha metálica y construido después de la guerra para sacar por él en carros la madera necesaria para reconstruir los pueblos quemados y para hacer traviesas, según le contó al viajero en Tolibia el *tío* Ezequiel el caminero. Así que ahora van solos el viajero y el río y la carretera. No volverá ya a ver la calzada hasta el cruce de La Braña y Arintero.

Antes, sin embargo, el viajero ha de pasar por la Venta de la Zorra, el legendario mesón de los arrieros del Curueño. La venta, de tantas resonancias arrieriles y viajeras, y de tantos recuerdos para las gentes de estos pueblos, se alza, solitaria, en el centro de una vega que el río Curueño abre en medio de las peñas a punto de acabarse —o de empezar, según la dirección que lleve el que la encuentra— las hoces de Valdeteja. Durante siglos, esta vieja posada solitaria fue lugar de parada obligatoria para todos los viajeros que subían o bajaban por la ruta del Curueño. Aquí, al empezar las hoces, hacían un alto las pobres gentes de los Argüellos para descansar y coger fuerzas o para calentarse junto al fuego antes de afrontar por fin el largo y sobrecogedor desfiladero. Aquí encontraban cama, y pasto para sus mulas, los míticos arrieros argollanos —que así se llaman aún los habitantes del alto valle del Curueño— en su constante ir y venir, llevando todo tipo de productos y dineros, entre los montes de Asturias y los páramos bajos leoneses. Y de aquí, cuando el viajero era niño, partía cada día el coche de Valentín, el último ventero, para recoger y subir, hubiera sol o nieve, a los viajeros de estos pueblos que llegaban a La Vecilla en el tren hullero. Hoy, la venta, sin embargo, está cerrada —cerrada y sin arrieros—, pese a que todavía haya una familia que cuida de la casa y del ganado del ventero y que recibe, cuando se presenta el caso, en su propia cocina, a los viajeros.

—¿Y por qué la llaman de la Zorra? —le pregunta el viajero a la señora, que es la única que ahora está en la casa, pues el marido anda por el monte con las vacas del ventero.

—No sé —responde la señora secamente.

La señora, la verdad, tiene motivos para no saberlo. La señora —aparte de que el nombre no sea posiblemente del agrado de ella ni del dueño— tiene motivos serios para desconocerlo, pues sólo lleva aquí medio año de casera. La señora, en realidad, no es ni siquiera de esta tierra. Es de Barruelo, en la provincia de Palencia, en cuyas minas trabajó su marido hasta que le retiraron la silicosis y el riesgo de un accidente.

—La verdad —le dice la señora, trayéndole al viajero una cerveza— es que nunca habíamos pensado movernos de Barruelo. Pero, cuando le jubilaron, cogimos esto porque la paga que le quedó es muy pequeña.

La cocina, en la que se amontonan todo tipo de cazuelas y de objetos, está sucia y es mísera y apenas entra algo de luz en ella por un pequeño ventanuco y por la propia abertura de la puerta. La señora, despeinada y oscura y vestida pobremente, va y viene entre los fregaderos disponiendo la cena y las lecheras para cuando su marido vuelva. Desde su escaño, el viajero la mira ir y venir mientras bebe en silencio su cerveza y piensa en cuánto habrá sufrido y trabajado a lo largo de su vida esta mujer y, sobre todo, en cuánto tendrá aún que trabajar y que sufrir antes de que se muera.

—¿Y no les da miedo vivir aquí los dos solos? —le pregunta el viajero a la señora cuando acaba su cerveza.

—¿Miedo? ¿A qué? —responde la señora secamente, como si no le entendiera.

Mientras hablaba con ella, y mientras la observaba ir y venir sentado en el escaño y bebiendo su cerveza, el viajero ha empezado a percibir un extraño picor en una pierna. Al principio, no le dio mucha importancia y pensó que sería efecto del sol, que hoy ha vuelto a castigarle duramente, o de la picadura de algún insecto que le hubiera asaltado por sorpresa mientras dormía la siesta tumbado sobre la hierba de la collada de Valdeteja. Pero, poco a poco, el picor ha ido extendiéndose al estómago y al pecho y, cuando acaba la cerveza, al viajero le pica ya prácticamente todo el cuerpo.

Cuando se levanta del escaño para volver al camino y dejar atrás la venta, el viajero comprende por fin la razón de ese picor tan persistente: sin saberlo, se había sentado sobre un manojo de ortigas verdes.

—Son para mi marido, para el dolor de espalda —se disculpa, azorada, la señora, apresurándose a recogerlas.

El túnel del pantano

El cruce de La Braña y Arintero está un kilómetro al norte de la venta, en un ensanchamiento de las hoces producido por la desembocadura simultánea en el desfiladero de dos pequeños valles paralelos: el de Valdemaría y el de La Braña y Arintero, que es el más grande y el único poblado y, por eso, tal vez, es el primero.

La confluencia de los valles, y de los dos arroyos que por ellos descienden a morir en el Curueño, ha hecho de este punto un lugar de encrucijada y un nudo de caminos semejante al legendario —y ya prácticamente inexistente— de los Puentes de Valdeteja. Los Puentes del Villarín se le llama también, de hecho, en el mapa del viajero, a este pequeño ensanchamiento de las hoces, en alusión seguramente a los tres que aquí hubo en tiempos: el del arroyo de Villarías, romano puro y tal vez el más esbelto de cuantos el viajero lleva vistos por el río hasta el momento, el nuevo de cemento que transporta a la otra orilla del Curueño el camino que sube hacia La Braña y Arintero y el de Valdemaría, que era el tercero, y que según al viajero le contaron en La Braña era también romano y tan impresionante y bello como el de los Verdugos y como los de Valdeteja, pero que yace ahora bajo los cimientos de cemento de la presa que la Confederación Hidrográfica del Duero construyó aquí en los setenta para desviar, a través de un túnel, agua del río Curueño hacia el pantano del Porma, que está justo detrás de las montañas de Arintero, a poco más de siete kilómetros en línea recta.

La presa del Villarín, a la que el viajero llega cuando en el cielo de las hoces comienzan ya a brillar las primeras estrellas, es un pequeño dique de cemento con esclusas y compuertas para la retención del agua y su desvío simultáneo por un canal lateral hacia la peña, pero el túnel es una obra de ingeniería que costó varios años de trabajo y el anónimo esfuerzo de muchos obreros poder hacerlo. No en vano mide siete kilómetros de largo y fue excavado en roca viva a través de las peñas. Pese a lo cual, sólo se usa en primavera (y cuando las tormentas del verano convierten al Curueño por unos pocos días en un río verdadero), mientras que el resto del tiempo, cuando está seco, sirve sólo únicamente para que algún vecino osado de estos pueblos pase por él hasta Rucayo o Valdehuesa, los dos únicos pueblos que sobrevivieron al pantano y continúan en pie al otro lado de las peñas, alumbrándose con linternas o con las bicicletas y ahorrándose de ese modo los cincuenta kilómetros que tendrían que recorrer —bajando a La Vecilla y cruzando hasta Boñar— por carretera. El Curueño, aunque bravío, es pequeño y humilde como sus pueblos.

Para pequeños y humildes, La Braña y Arintero. A 3,5 y 3,9 kilómetros respectivamente de la presa, según rezan un letrero y una flecha pintados a mano sobre el cemento por los propios vecinos de los pueblos, La Braña y Arintero son dos mínimas aldeas escondidas en el fondo de un valle, a la izquierda del río y a la derecha de la carretera.

Para llegar a ellas, el viajero tiene que recorrer un bello y solitario caminillo rodeado de bosques y cuajado, en esta hora ya primera de la noche, de luciérnagas y estrellas. El camino, aunque sube, es mucho más liviano que el que lo hace a Valdeteja (y que el que trepa a Valdorria y a su ermita, por supuesto) y el viajero, mientras camina, va mirando las estrellas y los perfiles negros de las peñas que lo flanquean: al norte —y a su izquierda—, La Devesa, dividiendo los valles de Valdemaría y el que ahora anda el viajero; al sur —y a su derecha—, los Altos de La Braña y Sierro Negro, que separan el valle del Villarías del Valcaliente; y al este —y frente a él—, los Picos de Gudín y de las Vallinas y la célebre Forqueta de Arintero, una mella caliza tajada en plena roca contra el cielo, como si a la dentadura pétrea de las peñas le faltara de repente, y en el centro, un diente entero. El viajero la mira mientras camina y recuerda que esa misma quebradura la veía él, pero al revés, desde la ventana de su casa en Vegamián hace ahora muchos años, cuando el viajero era niño y el pueblo en que nació veía todavía brillar sobre sus casas las estrellas y el sol directamente, y no a través del agua del pantano que lo cubrió para siempre.

A La Braña, sin embargo, el agua del pantano le queda lejos. La Braña, como Arintero, está lejos del pantano —y a resguardo de uno nuevo merced, entre otras cosas, al túnel del trasvase que atraviesa bajo ellos— y vive tranquilamente, recostada en el fondo del valle y ajena a cuanto ocurre al otro lado de las peñas. A las gentes de La Braña —cuatro familias y no más de una docena de personas— lo único que les importa realmente es lo que ocurre en su pueblo y, como mucho, también en Arintero, el otro pueblo del valle, que está a sólo medio kilómetro, en la ladera de enfrente, y cuyas luces brillan a lo lejos confundidas ahora con las de las estrellas.

En La Braña, tal vez por eso, cuando el viajero entra en el pueblo, no hay nadie por las calles que salga a recibirle, salvo los perros. Pero, al ruido de los perros, en seguida comienzan a asomarse a las ventanas de las casas los vecinos e, incluso, uno de ellos, un hombre rubio y joven, y fuerte como un toro, sale a la puerta de la suya a ver quién viene.

—Buenas noches —le saluda, tratando de infundirle una confianza que él no tiene, el asustado viajero—. ¿Hay bar en este pueblo?

—No —le dice el hombre rubio, mirándole de arriba abajo como si pretendiera de ese modo adivinar sus intenciones verdaderas—. Hay un Tele-Club, pero estará cerrado.

—¿Y lo abren luego?

—Depende —dice el rubio, volviéndole a mirar de arriba abajo y señalándole con el dedo—. Pregunte —dice, como si de repente hubiera concluido que el viajero es hombre de fiar y no un cuatrero de ovejas— en esa casa de enfrente.

En la casa de enfrente, una muchacha joven, y también rubia, le recibe con mucho más entusiasmo que su vecino de enfrente. La muchacha es la mayor de tres hermanas, dos de las cuales están ahora en la cuadra, ayudando, según dice, a sus padres con las vacas, «pero en seguida vienen».

Cuando vienen las otras dos hermanas —Josefina, que es la mediana, y Gelines, que es la pequeña—, Tere, que es la mayor, busca la llave del Tele-Club y las tres juntas acompañan al viajero.

—Estamos aquí tan apartados —dice Tere— que, la verdad, se agradece que venga alguien de fuera.

El que les agradece su hospitalidad es el viajero. Su hospitalidad y su compañía y —aunque no se lo diga— también su belleza. Las tres hermanas, cuyas edades deben de oscilar entre los 25 años de la mayor y los 15 o 16 de la pequeña, son guapas y sonrientes y brillan en la noche de La Braña como tres nuevas estrellas. El viajero, conmovido, y emocionado aún por la sorpresa del encuentro, saca de su mochila las escasas provisiones que todavía trae en ella (recordando al hacerlo, eso sí, el hambre que, por no subirla a cuestas, pasó hoy al mediodía en Valdeteja) y, con un poco de pan que Gelines va a buscar hasta su casa y la botella de vino que abre Tere, se sienta a cenar con ellas en la única mesa del Tele-Club —un pequeño cuartucho con unos cuantos libros polvorientos y una televisión fundida, aparte del mostrador y las botellas, que ocupa lo que en tiempos fue la escuela—, sintiéndose en ese instante el hombre más feliz sobre la tierra.

Cuando terminan de cenar, llega Abilio, el padre de las chicas, y otros dos vecinos del pueblo y, entre cigarro y cigarro y copa y copa de orujo —que es lo único que hay en las botellas—, al viajero le da la medianoche hablando de La Braña y de Arintero y escuchando de los otros historias de nevadas y de lobos y, lo que sin duda es mucho más insólito, de los que ellos llaman *comuneros*: cuatro *hippies* que han llegado hace dos años a La Braña para vivir en armonía con el campo y con el cielo, pero que, a lo que parece, no guardan excelentes relaciones con los vecinos del pueblo:

—El otro día —dice Abilio— me metieron las cabras en lo mío y, porque fui a llamarles la atención, me dijo uno de ellos que todo era de todos y que nada tiene dueño. Y que anduviese con cuidado porque de la cárcel se sale, pero del cementerio no.

—Y a mí —dice otro de los hombres— me amenazaron con envenenarme el perro simplemente porque le ladró a uno de ellos.

—Claro. ¿Cómo no les va a ladrar el perro —apostillan a coro las tres hijas de Abilio— si no se lavan nunca?

El viajero escucha las historias que le cuentan sin mediar en la disputa entre los campesinos y los *hippies comuneros*. El viajero es a su modo también un poco *hippy* —por vagabundo aunque sea—, pero está en La Braña ahora tan a gusto, hablando con Abilio y con sus hijas y bebiendo orujo, que no sólo no interviene en la disputa, sino que, a pesar de la amenaza de los *hippies*, decide quedarse aquí a dormir, en lugar de subir todavía hasta Arintero, como tenía previsto.

—No se preocupe —le dice Abilio— que, aquí, otra cosa no, pero pajares hay muchos.

Pero al viajero el que le gusta es precisamente el suyo. Lo vio al llegar a La Braña y en seguida se fijó en él porque era el único del pueblo —y de todos los pueblos que hasta el momento ha visto— que todavía tiene de paja la techumbre. Y, como, además, coincide que es el suyo, tiene el encanto añadido de que ni siquiera debe ir a pedirle permiso, para poder dormir en él, a ningún otro vecino. El propio Abilio le acompaña hasta el pajar y le alumbra con su linterna mientras el viajero trepa al postigo y, por él, a la tenada de la hierba, sobre la que cae rendido, decidido a soñar con todas las estrellas de La Braña y, si pudiera ser también, con las tres hijas de Abilio.

A LOS PIES DE BODÓN

Jesús y Frutoso

Ni con las hijas de Abilio, ni con las estrellas de La Braña, ni con los *hippies* siquiera. Durante toda la noche, el viajero ha estado luchando en sueños contra la hierba, que está agolpada contra la pared del fondo y resbala y cae hacia la puerta, y, cuando, hacia las nueve, se despierta, sobresaltado en el pajar por los ladridos de los perros, está firme y de pie como una momia egipcia entre la pared del postigo y la hierba y con el cuerpo molido por la terrible lucha que, durante toda la noche, ha mantenido en sueños contra aquélla.

Con el cuerpo molido, pero con la ilusión y el ánimo repuestos, el viajero recoge su mochila y abandona el pajar, decidido a iniciar su quinto día de camino por el Curueño.

—¿Quiere un vaso de leche? —le saluda la mujer de Abilio al verle.

—Bueno —acepta de buen grado, y de mejor humor, el viajero.

La mujer entra en la casa a buscarle el vaso de leche y el viajero se sienta con Abilio en el banco de la puerta a fumar un cigarro mientras espera. Abilio y su mujer están solos ahora en casa. Las hijas hace ya mucho tiempo que se han levantado y una, la mayor, ha ido a llevar la leche en el coche hasta la carretera, que es donde la recogen, y las otras dos andan ahora por el campo con las vacas. La verdad es que Abilio, aunque no tiene hijos varones, tampoco tiene motivos para quejarse.

—Ninguno —dice—. Pero a ver si se casan pronto —bromea— y se marchan.

—Calla, anda —le dice la mujer, trayéndole al viaje-

143

ro una taza de leche con dos dedos de nata—. Que, si no fuera por ellas, no sé qué sería ahora de esta casa.

—Y de La Braña —añade Abilio, mirando con melancolía las casas que hay delante, la mayoría de ellas ya cerradas.

Delante de él y del viajero, hay también, aparte de las casas, un verde huertecillo en el que crecen todo tipo de hortalizas y de árboles frutales. De uno de ellos, y de la rama más baja, cuelga entre las manzanas una enorme calavera que, por los cuernos, más que por su fisonomía o por las dimensiones o el tamaño, el viajero deduce que perteneció a una vaca.

—¿Y eso? —le pregunta a Abilio, extrañado, señalando la enorme calavera con la mano.

—¿Cuál? ¿La osamenta? —pregunta Abilio a su vez, como si le sorprendiera que al viajero le llame la atención el que tenga una calavera colgada en el huerto, delante justo de la puerta de su casa.

—Claro.

—Ésa —dice Abilio— es de una vaca que matamos este invierno para carne. Una vaca gallega —añade como dato.

—¿Cómo gallega? —le pregunta el viajero, cada vez más extrañado.

—Pues eso: que era gallega. La cambié el día de El Cristo, en Lugueros, por una que tenía ya vieja en casa.

—¿Y por qué no mató la suya, que sería de más confianza?

—Pues porque no sé qué da —le dice Abilio, romántico— comer un animal que has tenido tanto tiempo en casa.

Conmovido por el detalle —y por lo inesperado, sobre todo, en alguien aparentemente tan primario—, el viajero se despide de Abilio y su mujer y, tras encarecerles que lo hagan en su nombre de sus hijas, ya que él no puede hacerlo ahora por no estar ninguna en casa, sale al camino y se aleja calle abajo en dirección al cruce que separa, a unos cien metros del pueblo, los caminos de Arintero y de La Braña. Antes, sin embargo, el viajero encuentra en unos huertos a Jesús, un chiquillo de 9 o 10 años, rubio, pecoso y con cara de travieso, que está cebando a sus jatos:

—¡*Frutosooo!*

—¿Cuál es *Frutoso?* —le pregunta el viajero desde la calle.

—Ése, el más malo —dice Jesús intentando sujetarlo.

Frutoso destaca, ciertamente, entre el resto de los jatos. Son ocho, de todos los tamaños y pelajes. Pero *Frutoso* destaca entre los ocho por su hermosa capa blanca y por la desmesurada fortaleza de su cuello y de sus patas.

—Y por lo malo —dice el niño, gritándole otra vez mientras intenta inútilmente sujetarlo: —¡*Frutosoooo!*

—¿Y por qué no lo traes atado?

—Ya —dice Jesús, encogiéndose de hombros y volviéndose a mirarlo—, La verdad es que sí que tendría que traerlo atado. Pero da tanto gusto verle luego cuando corre dando saltos por el prado...

Mientras el niño vuelve a la carga, a intentar coger al jato, el viajero continúa calle abajo. Cuando llega al camino de Arintero, y, aún más allá, cuando ya empieza a dejar atrás, en el fondo del valle, los tejados y los huertos de La Braña, sigue oyendo todavía los gritos cariñosos de Jesús detrás del jato:

—¡*Frutosoooo! ¡Frutosooooo!*

La Dama de Arintero

Arintero está en lo alto de la cuesta, agarrado a la ladera de la peña y colgado sobre el valle, justo enfrente de las casas de La Braña.

Lo primero que el viajero ve de Arintero, ya al final de la cuesta, es la iglesia del pueblo y, adosado a la iglesia, como si fuera un huerto de ella, el camposanto. Tanto éste como la iglesia están limpios y cuidados —ésta, incluso, con una placa a la entrada en recuerdo de alguno de sus párrocos—, lo que denota que las gentes de Arintero, aparte de cuidadosas, son muy beatas.

—Mucho —dice una monja que llega a la iglesia para tocar a rosario justo cuando el viajero acababa de sentarse en el poyo de la entrada para tomar algunas notas y fumar un cigarro—. Aquí somos todos muy cristianos.

—No me extraña —dice el viajero, sin que la monja le oiga, pues ya está dentro de la iglesia tocando la campana.

Desde el pórtico de la iglesia de Arintero, un bello muro de piedra sombreado por tres árboles y colgado como un nido sobre el abismo del valle, se domina un panorama impresionante: enfrente, casi a la mano, las blancas moles calizas del Gudín y las Vallinas, desde aquí todavía más majestuosas y brutales; a la izquierda, y ya más cerca, la Forqueta de Arintero (o de Ferreras, según desde qué lado se la mire) que el viajero veía de pequeño desde la ventana de su casa, en Vegamián, antes de que quedara bajo el pantano; y abajo, en el fondo del valle, el cauce del arroyo Villarías —el mismo que el viajero anoche vio morir en el Curueño, justo al lado de la presa del trasvase— y los huertos y tejados de La Braña. A las diez de la mañana, el paisaje que se divisa desde Arintero es aún más bello por solitario. Salvo algunas personas que trabajan a lo lejos, segando o dándole vuelta a la hierba en lo más hondo del valle, y salvo algunas vacas y caballos que pastan aburridos por los prados que hay al lado, nada se mueve en todo el valle de La Braña en esta hora primera y fugaz de la mañana. Y, sin embargo, no es difícil, pese a ello, imaginar el ajetreo que aquí habría cuando estas dos aldeas ahora ya prácticamente abandonadas estaban en su máximo apogeo y esplendor y doña Juana García, la Dama de Arintero, se entrenaba con la espada y el caballo en estos prados preparándose para sustituir en la guerra que ya se avecinaba a un padre sin varones descendientes y ya anciano.

—La historia, según yo la he leído en algún libro y según mis abuelos me la contaron, es, más o menos —dice la monja cuando regresa al pórtico después de haber llamado a sus vecinos al rosario—, como sigue: cuando, a finales del siglo xv, me parece que era, la sucesión del trono de Castilla se convirtió en una guerra abierta entre los partidarios de Isabel la Católica y los de la Beltraneja, había aquí, en Arintero, un hombre noble, el dueño de todas estas tierras, que se encontraba afligido porque no podía acudir al llamamiento de la reina al ser ya un hombre muy anciano y no tener tampoco hijos varones que le sustituyeran. Entonces, una de las hijas, Juana, la más pequeña, convenció a su padre para que la dejara ir en su lugar a ella, vestida de hombre y bajo el falso nombre del Caballero Oliveros. Así lo hizo y así llegó a alcanzar el grado de capitán o de alférez, no sé exactamente cuál de ellos, por su arrojo y valentía en la batalla, hasta que, un día, y por algún motivo, la descubrieron y tuvo que regresar al punto a su pueblo y a su casa de Arintero, eso sí, cargada de honores y privilegios.

—¿Y cuál fue el motivo de que la descubrieran? —le pregunta el viajero a la monja, recordando, divertido, lo que le dijo hace tres días en Otero el dueño del bar «*La Dama de Arintero*».

—No sé. Me parece —dice la monja, sonrojándose al decirlo y mirando al lado opuesto del viajero— que se le salió sin querer un pecho.

Mientras la monja le contaba al viajero las míticas hazañas de la Dama de Arintero en versión mixta de los libros y de sus propios abuelos, han comenzado a llegar, atraídos por la campana, los primeros feligreses: otra monja y una vieja enlutada y temblorosa que, a juzgar por las arrugas de su cara, bien pudiera ser la propia Dama de Arintero. El viajero, ante tal concurrencia, y ante el peligro cierto de que las monjas le hagan entrar a rezar el rosario con ellas, recoge su mochila y su cuaderno y se aleja de la iglesia en dirección al pueblo sin esperar a despedirse tan siquiera.

Pese al peligro de las monjas, el viajero va avanzando por la calle lentamente. Va buscando la casa y el escudo que, según la leyenda, pertenecieron en su día a la familia de la Dama de Arintero. Hacia la mitad del pueblo los encuentra. La casa se ha quemado apenas un mes antes —según le cuenta la dueña—, pero el escudo permanece todavía en la fachada, milagrosamente salvado del fuego. El viajero trata de descifrar por sí mismo la leyenda de la piedra, pero, al final, no tiene otro remedio que pedirle ayuda a la dueña.

—Si quieres saber quién es / este valiente guerrero / alza las armas, verás / que es la Dama de Arintero —le recita de memoria, y como si fuera el catecismo, aquélla.

El valle de los Argüellos

Hacia el final del pueblo, un hombre ya mayor que está con otros dos descargando un carro de leña, le cuenta, sin embargo, otra versión de la leyenda:

—Si quieres saber quién es / este valiente guerrero / alza las faldas, verás / que es la Dama de Arintero —recita, divertido, entre las sonrisas de sus compañeros.

El hombre, aparte de la leyenda, y de invitar al viajero a un trago de la bota que trae colgada del cuello, le encamina hacia Tolibia, su próximo destino, sin tener que volver a La Braña y, lo que es más importante, sin tener que bajar otra vez hasta la carretera:

—Siga usted por este camino hasta el final del pueblo y, cuando llegue a unos prados, tuerza a la izquierda y tire todo de frente hasta ganar la collada que hay al lado de las peñas. Desde allí —dice—, verá ya Tolibia de Arriba y todo el valle de los Argüellos hasta los puertos mismos de Villaverde.

—Y hasta los de Redilluera —añade, por su parte, uno de sus compañeros.

—¿No será mucho? —desconfía el viajero, que sabe ya por experiencia lo que son las colladas del Curueño.

—Nada, hombre —le anima el de la leña—. Si, quitando un trozo de subida que hay ahí, a la salida del pueblo, es todo llano y por senda.

—Y aunque siguiera subiendo —dice otro, recogiendo la bota que le da el viajero—. Teniendo en cuenta la altura a la que estamos, que es de más de 1.300 metros, lo único que le podría pasar ya es que llegara al cielo —remacha entre las sonrisas de sus compañeros.

El viajero, pese a todo, no se fía. El viajero, a pesar de las indicaciones y de los ánimos que se empeñan en darle los de la leña, sigue sin ver muy claro que, por donde éstos le dicen, pueda llegar a buen puerto. Pero, como tampoco quiere volver hasta La Braña, y, sobre todo, como le da una gran pereza volver a andar de nuevo los tres kilómetros y medio que hay desde allí hasta la carretera, decide hacerles caso a los del pueblo y seguir su camino por donde le aconsejan.

No se arrepentirá. Aparte de que era cierto que, salvo un pequeño trozo de subida a la salida del pueblo, el camino era ya prácticamente llano hasta el alto de la peña (y descendente, incluso, a partir de ella), el paisaje que, desde la collada de Arintero, se domina es uno de los más impresionantes que se pueden contemplar a lo largo de la ruta del Curueño. En efecto, pasados ya los pastizales de La Friera —los prados que al viajero le dijeron en el pueblo—, a cuya derecha quedan la fuente del arroyo Villarías y el legendario tajo de la Forqueta (ahora ya sí, casi encima del viajero), y los piornales de Valdemaría que separan y dividen las cuencas del río Porma y el Curueño —y en los que pastan ahora varias yeguas y caballos y dos rebaños de ovejas—, el viajero descubre de pronto, casi sin darse cuenta, la imponente depresión geológica del valle de los Argüellos.

El valle de los Argüellos es el primero —y el más grande, y el más bello— de todos los que, en su curso, va formando el río Curueño. Excavado por el río y sus arroyos en pleno corazón de las montañas, y oculto tras las peñas de las hoces, que lo aíslan del mundo y lo guardan como un tesoro en lo más hondo de la cordillera, el valle de los Argüellos se aparece normalmente ante el viajero como un nuevo espejismo al final de las hoces y de la última curva que dibuja entre ellas la pequeña y tortuosa carretera del Curueño. Normalmente también, el viajero que lo divisa suele parar su coche (o detenerse, si sube andando, al borde de la cuneta) para admirar el magnífico espectáculo que se abre ante sus ojos de repente entre las peñas. A los pies de Bodón, la mítica montaña del Curueño, el imponente farallón calizo —1.959 metros de altitud por otros tantos de grosor y de anchura, por lo menos— que vigila y domina el valle de los Argüellos (y que, al subir por el Curueño, queda justo al pie del río y a la izquierda de la carretera), la vega de Lugueros se extiende mansamente, entre saúcos silvestres y huertos y choperas, como un oasis de paz y de verdor tras los ocho kilómetros de agreste y turbador desfiladero. Y, aunque, al final, las crestas de las peñas reaparezcan nuevamente por el frente, volviendo a cercenar el pequeño oasis de prados abierto por el río en pleno corazón de la cordillera, el viajero no puede menos que sentir un extraño y dulce alivio ante tanto verdor y ante tanta y tan magnífica belleza.

Pero el viajero, además, ahora está viendo el valle y las montañas desde el cielo. El viajero, al contrario que el común de los viajeros, está mirando ahora desde arriba (como si viajara en el avión que el otro día vio cruzar, de arriba abajo y de este a oeste, las montañas del Curueño y el de los Argüellos fuera, en vez de un valle, la cabeza imaginada de la enorme y prehistórica serpiente) la vega de Lugueros y los negros tejados de pizarra de Tolibia y aun las propias crestas rotas de las peñas que rodean, como si fueran sus guardaespaldas, a la mítica Bodón por sus extremos, y no encuentra palabras, ni en el corazón ni en la memoria más antigua de su lengua, para plasmar en su cuaderno tanta paz, tanta solemnidad, tanta grandeza.

—Yo ya estoy acostumbrado —le dice, indiferente, un pastor viejo que el viajero encuentra en la collada con su rebaño de ovejas.

—Mejor será acostumbrarse a esto que a la meseta... —afirma, más que insinúa, el deslumbrado viajero.

—No crea —vuelve a contradecirle el pastor, que resulta que es extremeño.

El pastor, aunque extremeño —«De la parte de Cáceres, si conoce, de un pueblo junto a Plasencia»—, conoce estas montañas mejor que las de su tierra. El pastor, aunque extremeño, lleva ya muchos años subiendo hasta estos puertos cada año sus ovejas y, entre el Porma y el Curueño, ha pasado más de un tercio de su vida, que es tanto como decir más de la que hasta la fecha lleva vivida el viajero. Y, como conoce estas montañas como nadie y está solo y aburrido aquí ya desde hace meses, aparte de contarle que se aburre de ver en torno a él tanta belleza, le desvela al viajero algunas otras penas y secretos y le advierte por último cuando se aleja:

—Cuando llegue a Tolibia, pregunte por la casa de los duendes.

—¿Cómo dice? —le obliga a repetir, creyendo no haberle entendido bien, el viajero desde lejos.

—Que, cuando llegue a Tolibia —vuelve a decirle el pastor, ahora ya con tono de misterio—, pregunte por la casa de los duendes.

Obviamente, lo primero que el viajero hace al llegar a Tolibia es preguntar por la casa de los duendes. Lo hace en el Tele-Club del pueblo, el bar que ocupa ahora el edificio de la escuela y al que el viajero entró buscando un café y se tuvo que conformar con otro vaso de leche (se ve que, desde La Braña, ha entrado ya en territorio lechero) y, al instante, comprueba que se hace en torno a él un gran silencio.

El viajero mira a su alrededor intentando adivinar en las miradas de los otros la razón de ese silencio, pero son ellos, los cuatro o cinco hombres que, entre jóvenes y viejos, están ahora en el Tele-Club del pueblo, los que le miran a él en círculo cerrado y en compacto y hermético silencio, como si acabara de dejar una bomba con la mecha encendida encima de la mesa.

El viajero, al principio, no comprende; luego, se asusta un poco (llega a pensar, incluso, que, al preguntar por la casa de los duendes, tal vez haya ofendido, sin saberlo, a todo el pueblo); y, al final, decide preguntarlo nuevamente y demostrar de ese modo que, si lo hace, es con toda la buena fe y con toda la ignorancia que en cualquier lugar del mundo se le exige al forastero.

—Aquí no hay duendes ni duendas —le dice en tono seco, pero respetuoso, uno de los más viejos.

El viajero, ante lo contundente de la respuesta, intenta desviar la conversación por otros más tranquilos derroteros: por la forma de vida en la montaña, por la despoblación, por el frío, por la nieve... Pero en seguida comprueba que es inútil todo intento. Desde el primer momento —o, mejor dicho, desde que preguntó por vez primera por la casa de los duendes—, una muralla de hielo (invisible, pero de hielo) se ha levantado entre él y los del pueblo.

El viajero, en vista de ello, y ante el temor de que sin saber por qué ni cómo pueda volver a ofenderlos, paga su vaso de leche, se despide con un gesto de los presentes y abandona el Tele-Club cada vez más intrigado por el extraño asunto de la casa de los duendes.

—Aquélla, la de la verja verde —le encaminan finalmente unos chiquillos a los que preguntó en voz baja ante el temor de que sus madres se ofendieran también si le oyeran.

Desconcertado, el viajero se queda mirando la casa indicada sin que, a primera vista, observe nada, aparte de la verja, que pueda distinguirla de las que la rodean. La casa de los duendes es un viejo caserón de piedra del más perfecto estilo montañés y ganadero, pero con sus pajares y sus cuadras convertidos ya, como en tantas otras del pueblo, en simples dependencias y trasteros y con el antiguo portalón del carro sembrado de rosales y de hierba. Se advierte claramente que la casa ya sólo está habitada en el verano.

—¿Y por qué la llaman de los duendes? —les pregunta a los niños el viajero.

—Ah, no sé —le dicen éstos con gesto indiferente sin interrumpir sus juegos—. Pregúnteselo a los dueños.

Los dueños son dos ancianos, el señor Pablo y la señora Teodora, que reciben al viajero con amabilidad, aunque con distanciamiento. El señor Pablo y la señora Teodora (o la señora Teodora y el señor Pablo, que tanto monta el orden de los dueños en la casa de los duendes) pasan aquí, en efecto, los dos meses del verano y bajan a León por el invierno. Por lo visto, y aun con duendes, en esta casa hace el mismo frío en invierno que en cualquiera otra del pueblo.

—¿Y qué es eso de los duendes? —les pregunta el viajero, haciéndose el ingenuo, sin imaginar todavía lo que le espera.

Tendrá que volver a preguntarlo varias veces. El señor Pablo y la señora Teodora, en cuanto oyen la pregunta del viajero, se ponen en guardia de inmediato y su amabilidad se deshace al instante como por encantamiento. Aún sin perderla del todo —el señor Pablo y la señora Teodora son buena gente—, se limitan a mirarle fijamente, como si quisieran saber quién se esconde en realidad detrás de la pregunta del viajero, y a responderle:

—Eso son cuentos de la gente.

Pero está claro que algo hay detrás de los que el matrimonio llama cuentos de la gente. El silencio con el que su pregunta fue acogida en el Tele-Club del pueblo y las miradas de recelo con las que la señora Teodora y el señor Pablo ahora le observan convencen al viajero de inmediato de que algo extraño y misterioso hay detrás de lo que llaman con desprecio *cuentos de la gente* y que, evidentemente, ya no puede marcharse de Tolibia sin saber qué es eso de los duendes. Al final, después de mucho insistirles, y de prometerles, sobre todo, formalmente que no se reirá de lo que le cuenten (verdadera razón, junto con la del miedo, del silencio con el que su pregunta fue acogida en el Tele-Club del pueblo, según el *tío* Ezequiel le dirá luego), la señora Teodora, que es la dueña de la casa —el señor Pablo, su marido, como el propio Ezequiel, es nacido en Valdeteja—, accede, no sin ciertos miramientos y rodeos, a desvelarle al viajero el secreto de la casa de los duendes:

—Mire. Esto debió de ser —dice, bajando ya la voz desde el primer momento— a finales del siglo pasado o a principios de éste. Antes, en cualquier caso, de que yo naciera. Vivían entonces en esta casa mi tío Valiente, que era arriero, y mi tía Margarita, que, como no tenían hijos, nos recogieron a mí y a mis tres hermanas después con ellos. Bueno, pues un buen día, sin saber por qué ni cómo, empezaron a ocurrir cosas extrañas alrededor de ellos. Un día aparecían las vacas atadas de dos en dos en el mismo pesebre. Otro, amanecían en el pajar y tenía que acudir todo el pueblo para bajarlas de allí con ayuda de poleas y de cuerdas. Otro, encontraban el vino de los pellejos derramado por el suelo y, al siguiente, aparecían los pellejos otra vez llenos. Y, así, constantemente. El caso es que empezó a cundir el miedo y la gente empezó a decir que en la casa del *tío* Valiente había duendes y empezaron a acudir de todos estos pueblos para verla. Hasta de León y de Madrid tengo oído que vinieron, y eso que no había ni coches todavía en aquella época. Se juntaban ahí y rezaban rosarios hasta el anochecer, pero nadie se atrevía a cruzar la puerta. El que lo intentó fue el sacerdote, pero apenas pudo pasar de ella. En cuanto empezó a subir por la escalera, con el hisopo en la mano y la estola puesta, empezaron a crujir todas las vigas y a oírse fuertes lamentos hasta que el cura, asustado, cayó rodando por la escalera. Entonces, mi tía Margarita, que estaba ya muerta de miedo y harta de que la gente viniera a ver su casa en procesión, con crucifijos y escapularios, desde todos los pueblos, fue a la iglesia y cogió una cruz bendita y entró ella sola en la casa mientras mi tío y toda la gente quedaban fuera. Al llegar a lo alto de la escalera, mi tía gritó en voz alta: «Si eres cosa de Dios, preséntate. Si eres cosa del diablo, vete.» Entonces, según dicen, se oyó una voz profunda, como nacida de la tierra, que le dijo: «No temáis. Vosotros, los de la casa, no tengáis miedo. Soy el alma de un fraile que nací en esta casa y que morí en tierras lejanas y estoy penando desde entonces un grandísimo pecado que cometí a las puertas mismas de la muerte. Decidme misas y rezad por mí, que no encuentro el descanso eterno.» Luego, se oyó un enorme ruido, todas las vigas rechinaron como si hubiera un terremoto en el pueblo y se volvió a oír la misma voz, ahora ya como un lamento: «Adiós. Adiós, casa mía, para siempre.» Y se fue, en efecto, para siempre.

Mientras la señora Teodora hablaba, el viajero ha estado todo el rato observándola atentamente. La señora Teodora mueve las manos sin cesar, mira a su marido de reojo cada poco, trata de contener el miedo cuando su propio relato la lleva por los pasajes más tétricos. Su marido, mientras tanto, se limita a mirarla también atentamente, como si fuera ésta la primera vez que la oyera contar la historia de los duendes. Está claro que, aunque lo disimulen, los dueños de la casa, como los vecinos del pueblo, tienen miedo. Miedo a los duendes o a los fantasmas, o miedo a la risa escéptica de los forasteros, pero miedo.

Pero el viajero, aunque escéptico, se cuida mucho de reírse de ellos, porque, aparte del respeto que —por el mero hecho de serlo— sus dos amables anfitriones le merecen, en el fondo de su alma también tiene algo de miedo.

—¿Y no les da reparo vivir ahora en la casa en que ocurrió todo aquello? —les pregunta a los viejos, mirando con recelo hacia la puerta.

—Bueno. Y qué remedio —se encoge de hombros la señora Teodora, mirando también con miedo (al menos, al viajero así se lo parece) hacia la puerta.

—Además —interviene por primera vez el señor Pablo, que hasta el momento ha guardado un total silencio—, que nosotros vivimos ya en la parte nueva. La casa vieja —dice, señalando la parte del edificio que hay detrás justo de la espalda del viajero— es ésa.

—¿Y qué hay ahora en ella? —pregunta el viajero, volviéndose.

—Nada. Está exactamente igual que cuando lo de los duendes.

Obviamente, al viajero le falta tiempo para pedirles a los dueños que se la enseñen. La señora Teodora se resiste al principio, no tanto por temor a la incredulidad y a la posible risa del viajero, como en un principio piensa éste, como por el desorden que —según dice— impera en ella desde que quedó para trastero de la nueva. Al final, sin embargo, y como ocurriera antes con la historia de los duendes, pueden más su amabilidad y la insistencia del viajero que el rechazo que la pobre mujer tiene a andar removiendo los fantasmas de la casa y los objetos amontonados en el trastero.

—Bueno. Pero tenga cuidado —le dice— no se vaya a caer por la escalera.

Con la señora Teodora abriendo paso y el señor Pablo cerrando la pequeña comitiva en cuyo centro va el viajero, los tres entran en la casa y, por una vieja puerta, pasan de la parte nueva a la escalera que lleva a la cocina de la vieja. La misma por la que, según la dueña, cayó rodando el cura que vino a liberar la casa del hechizo de los duendes. La cocina, en efecto, está exactamente igual que en aquel tiempo: el fogón en el centro, sobre una piedra del suelo, las cadenas de la olla colgando todavía de un clavo fijo en el techo y las vigas y las paredes ennegrecidas todavía por el humo y los recuerdos. No es extraño que aquí, en esta diminuta cocina sin ventanas, con las paredes negras y el resplandor del fuego reflejando sobre ellas las sombras de los presentes en las largas noches de invierno, se les aparecieran duendes y fantasmas y hasta ánimas en pena como la del fraile que murió en tierras lejanas y andaba desde entonces buscando por aquí el descanso eterno.

—¿Y era cierto que aquí había nacido un fraile? —les pregunta el viajero a los dueños de la casa contemplando las maderas que crujieron, al decir de la señora, cuando se fue para siempre.

—Cierto, cierto. Un fraile que se fue de misionero a Filipinas o a Japón, no sé a dónde exactamente, y que le hicieron el funeral en vida porque se confundieron —le dice la señora, provocando el penúltimo escalofrío en el viajero.

El último se lo provoca bajando ya la escalera. El señor Pablo ha ido delante, a encender la luz de la puerta, y es entonces, al cerrar la de la cocina detrás de ellos, cuando la señora Teodora se vuelve de repente hacia el viajero y, mirándole fijamente, le confiesa:

—Mire. Yo sé perfectamente que usted no me cree. Y me da igual que me crea o no me crea. Pero le voy a decir una cosa: cuando yo tenía siete u ocho años, poco después de pasar lo de los duendes, estaba un día en la cama y de repente abrí los ojos y vi algo que nunca he vuelto a ver y que estoy segura que no fue ningún sueño: un animal extraño, como si fuera un tigre, pero con la cabeza de un perro, que me miraba desde la puerta. Entonces, llegó mi tía y me tapó rápidamente con las mantas mientras me decía que no tuviera miedo. Cuando volví a mirar, el animal ya no estaba, pero recuerdo que mi tía me cogió de la mano con fuerza y me hizo jurarle que no se lo contaría a nadie mientras ella viviera.

La Cavadura

—¿Y usted? ¿Usted, *tío* Manuel, cree en los duendes?

—Mire usted: yo ni creo ni dejo de creer. Yo lo único que sé es que mi padre vio bajar las vacas del pajar y que eso fue absolutamente cierto —le confiesa al viajero el *tío* Manuel *El Largo*, que, a sus noventa años (de los que más de la mitad los pasó intentando hacer fortuna en Méjico), es el más viejo del pueblo y el único que ya vivía cuando los duendes andaban por Tolibia metiendo miedo.

Y añade, clavando sus ojos grises en el viajero:

—Y, si para bajarlas, hizo falta la ayuda de todos los vecinos, y, aun así, tardaron en bajarlas todo el día, dígame usted cómo pudo subirlas por la noche el *tío*

Valiente, como querían algunos, sin que se despertara todo el pueblo.

El *tío* Manuel *El Largo*, a sus noventa años, sigue haciendo honor a su apellido. Alto, seco, solemnísimo, pasea ante la puerta de su casa haciendo tiempo hasta la hora de comer, que, para él, es siempre la una y media. Luego, por la tarde, bajará hasta Lugueros —tres kilómetros de ida y otros tres kilómetros de vuelta— para echar la partida. El *tío* Manuel *El Largo* es viejo, pero resiste.

—Mire usted, yo ni creo ni dejo de creer, que la fe es cosa que sólo a Dios se le debe y uno ya ha visto muchas cosas en la vida para andar ahora teniendo miedo. Pero, en este pueblo, yo no sé si es porque está aquí tan escondido o por qué, hay algo raro que hace que pasen cosas extrañas muy a menudo —le confiesa al viajero el *tío* Manuel volviendo a mirarle, ya a la salida del pueblo.

—Por ejemplo...

—Por ejemplo, lo de los *ovnis.*

—Vaya, hombre —dice el viajero con sorna—. No me diga que, además de duendes, también tienen *ovnis* en Tolibia.

—No se ría, que no es para reírse. Y, si no, pregúnteselo usted a la maestra, que también se reía, pero que cuando llegaron este invierno los niños asustados y corriendo una tarde en que todos los vecinos sentimos de repente un fuerte viento, como si un helicóptero se posara en ese monte de ahí arriba, les separó al instante, uno en cada pupitre, y les mandó que dibujaran lo que habían visto. Y lo que dibujaron todos fue lo mismo: un platillo volante rojo y verde, con antenas como los de las películas, que salió la noticia al día siguiente en todos los periódicos del mundo.

El viajero ya empieza a dudar. El viajero, que, hasta el momento, ha venido escuchando todo lo que han querido contarle con cierta dosis de escepticismo (aunque, también, de vez en cuando, con algún escalofrío) empieza ya a pensar que quizá el *tío* Manuel tiene razón y que este pueblo aquí escondido entre montañas, de viejos caserones con tejados de pizarra y estrechas callejuelas por las que apenas cabe un carro y en las que se amontonará la nieve en el invierno llenándolas de silencio y de frío, tal vez tienen algo de especial que hace que en él confluyan todas las fuerzas ocultas que atemorizan al hombre desde el origen del mundo.

—Ahí más abajo, a mitad de camino de la otra Tolibia —le dice el *tío* Manuel, ya por último, cuando el viajero se despide —encontrará una curva con una pequeña chopera. Tenga cuidado, que es la de la Cavadura.

—¿La Cavadura? —pregunta el viajero, que ya empieza a no tenerlas todas consigo.

—Sí, así la llaman desde antiguo.

—¿Y qué pasa en la Cavadura?

—No sé —le dice el *tío* Manuel encogiéndose de hombros y siguiendo su camino—. Pero, aparte de ser paso de los lobos en invierno, dicen que algunas noches se oyen gritos.

El viajero ya ni siquiera duda. El viajero, después de todo lo que ha oído, y de ver, sobre todo, cómo el cielo poco a poco se nublaba encima suyo llenando de misterios y de sombras las callejas y las casas de Tolibia, aprieta el paso y abandona el pueblo y, al llegar a la curva flanqueada de chopos de la Cavadura, mira hacia los dos lados y, al comprobar que nadie puede verle, se santigua.

Casa Santiago

En cualquier caso, para pasar el miedo, nada mejor que un buen plato de patatas con costilla y una chuleta de ternera con pimientos asados y patatas fritas. Al viajero se lo sirven en el comedor de *Casa Santiago*, una vieja posada atiborrada de botellas y de artículos de todo tipo (velas, madreñas, latas de conserva, pilas para linterna, sal, esparto, calendarios, sacos de pimentón, cuerdas, cuadernos, sombreros, cajas de galletas y, así, hasta el infinito) que alza sus viejas paredes junto a la carretera del Curueño, a los pies de la escuela de la otra Tolibia. La de abajo. La grande. La que levanta ya sus casas nuevamente junto al río.

En el comedor de *Casa Santiago*, una pequeña habitación contigua a la cocina con una mesa en el centro, una cómoda de dormitorio con espejo y un papel pintado indescriptible, el viajero comparte su comida con el guarda de la zona, que resulta estar casado con la hija de Santiago que ahora atiende con su madre la cocina. El guarda, un hombre joven todavía, pero con bastantes años ya a su espalda vigilando los montes y a los furtivos, en seguida traba conversación con el viajero y le cuenta las grandezas y miserias de su vida:

—Bonito para el que le guste, que no crea usted que es todo andar de paseo por el monte todo el día. Hay también que enfrentarse con la gente y recibir muchas veces amenazas y hasta insultos. Y, luego, que esto que usted ve son sólo cuatro días. Que, en seguida, en cuanto que llega octubre, empieza a meterse el cierzo y a cargar agua y nieve y agua y nieve un día y otro día, que casi no se puede ni andar por los caminos.

—¿Y hay mucha caza por aquí? —le pregunta el viajero reparando en los dos cuernos que presiden la pared del comedor junto a un retrato del Papa y otro de la familia.

—Bastante. Corzo y rebeco, sobre todo. Y jabalí, que, desde que la gente se empezó a ir de los pueblos, se han hecho los dueños de medio monte —le explica el guarda al viajero al tiempo que se sirve su segundo plato de patatas con costilla.

El viajero hace lo propio en cuanto acaba el suyo y, así, mano a mano, van pasando de los corzos a los lobos y de los jabalíes a los furtivos hasta que, hacia las cuatro o cuatro y media de la tarde, después de tomar café y un par de copas de orujo, el guarda se levanta de la mesa y se despide:

—Mañana, si anda todavía por aquí, le invito a venir conmigo.

—¿A dónde? —le pregunta el viajero, que empezaba a quedarse ya dormido.

—A ver los lobos, si le gustan. Mañana por la mañana —dice el guarda, bajando el tono de voz como si le fuera a decir algo prohibido— vamos a subir hasta Bodón a darles una batida.

La invitación del guarda no puede ser más sugestiva. La invitación del guarda es tan tentadora para alguien como el viajero que nunca ha visto un lobo de cerca, y menos una batida, que la acepta de inmediato, pese a que ello le obliga a cambiar todos los planes que tenía para hoy establecidos: subir hasta Lugueros por la tarde y llegar a Redilluera con las últimas luces del día.

—Pues eche la tarde libre —le dice el guarda— y mañana será otro día.

Solución asumida. Tras los pasos del guarda, el viajero abandona el comedor y los aromas familiares de las ollas que continúan humeando en la cocina y, arrastrando los pies y la mochila, cruza la carretera y se deja caer como un saco de tierra (o de patatas con costilla) en el primer prado que encuentra, que resulta que es precisamente el que los chicos de Tolibia usan para jugar al fútbol.

Ezequiel, el caminero

Durante toda la tarde, el viajero ha estado oyéndoles en sueños, sintiendo cómo el balón silbaba cerca de él o le pasaba, incluso, dando botes por encima, pero estaba tan agotado, sumido en el sopor de la comida y en el cansancio acumulado tras las cinco jornadas que ya lleva de camino, que ni siquiera tuvo fuerzas para entreabrir los ojos y comprobar que era verdad, y no producto del sueño, que la pelota le pasaba cada poco dando botes por encima. Durante toda la tarde, el viajero ha dormido tan profundo, tirado bajo un árbol junto a la carreterilla que une ambas Tolibias, que, cuando se despierta, está ya atardeciendo y los de la pelota hace ya tiempo que se han ido.

Ahora está solo en el medio del prado y, alrededor de él, comienza poco a poco ya a hacer frío: ni aun en verano puede estarse en la montaña del Curueño, cuando la tarde cae, en mangas de camisa. El viajero saca, pues, un jersey de la mochila y, por la carretera, vuelve a Tolibia, que ya empieza a prepararse para la noche que se avecina.

En efecto. Bajo la pétrea y blanca sombra de Bodón, la montaña sagrada del dios Bodo, el impresionante altar calizo del dios celta de la guerra al que en tiempos adoraron los primitivos moradores del valle de los Argüellos, los tejados de Tolibia se sumergen en la bruma de la tarde y en el humo de las chimeneas que, a pesar de la época del año, ya empiezan a encenderse poco a poco en todo el pueblo. Lentamente, por los dos lados de la carretera, van regresando las vacas en busca del calor de los pesebres mientras, en los portales y jardines de las casas, los últimos veraneantes contemplan su regreso y la caída de la tarde, tan apáticos y aburridos que ni siquiera se les ocurre subir a la colina que domina desde arriba todo el pueblo y que sostiene los soberbios edificios de la iglesia y de la escuela para, como el viajero ahora, ver el sol hundirse un día más tras las montañas de Redilluera, sentado al pie del busto alzado enfrente de la escuela, en 1916, *a la grata memoria de don Pedro García de Robles, maestro que fue durante cuarenta y cinco años de este concejo de Valdelugueros.* Un busto que, según al *tío* Ezequiel le dijo un día el inspector de zona del Magisterio, es el único monumento erigido en todo el mundo a la humilde memoria de un maestro.

—Y muy bueno no sería cuando ató a la mujer a un pesebre hasta que aprendió las letras.

El *tío* Ezequiel, setenta y nueve años cumplidos —«y otras tantas dioptrías por lo menos»—, saca la bota de vino y se la pasa al viajero. El viajero se ha hecho amigo de él en casa de Santiago, mientras leía el periódico en el bar después de haber cenado, esta vez ya no en el comedor, sino directamente en la cocina con los dueños (y lo mismo que tenían para ellos: sopa de pollo y un par de huevos fritos con pimientos), y se ha venido con él, invitado por el viejo, hasta su casa. El *tío* Ezequiel vive solo con un hijo y se aburre, según dice, por las noches aquí solo viendo la televisión hasta la hora de ir a la cama:

—Como no le ponga al hijo —dice— un bar en casa...

El *tío* Ezequiel es, pese a ello, dicharachero y simpático. El *tío* Ezequiel lleva ya muchos años jubilado, pero conserva todavía de su oficio el carácter tranquilo y el decir socarrón y diplomático:

—Mire usted. Yo he sido —dice— peón caminero durante cuarenta años. Y, en cuarenta años que estuve en ejercicio (bueno, lo del ejercicio es un decir —sonríe con malicia por debajo de las gafas—), me dieron varios premios por méritos en el trabajo. ¿Sabe usted de cuál es del que estoy más orgulloso?

—Pues no —dice el viajero, sabiendo de antemano que eso es lo que el viejo caminero espera oír de sus labios.

—Pues del premio a la conservación de herramientas de trabajo —dice.

Y añade, sonriendo, tras una pausa:

—El día que entré a trabajar me dijo el ingeniero: «Tenga: las herramientas. Y mire por ellas, que le tienen que durar unos cuantos años.» «No se preocupe», le dije yo. Estuve cuarenta en el puesto y el día que me jubilé entregué las herramientas como si acabaran de dármelas.

El *tío* Ezequiel se ríe, divertido, de sus propias gracias. El *tío* Ezequiel está contento recordando sus hazañas del pasado y sabiendo que hoy hay alguien dispuesto a escuchárselas todas sin inmutarse y, como el viajero está también muy a gusto aquí sentado, escuchando sus historias y las que a él, por su parte, le interesa preguntarle, las horas van pasando poco a poco, entre recuerdo y recuerdo y trago y trago, hasta que, hacia las doce y media, llega el hijo del *tío* Ezequiel a separarles.

Sueños con música

El hijo del *tío* Ezequiel es un hombre flaco y alto que parece ir arrastrando, al caminar, las dos piernas por delante. El hijo del *tío* Ezequiel, al que todos llaman *Judas* —empezando por su padre— y que era, al parecer, tan buen furtivo que las autoridades, sin saber ya qué hacer con él, le hicieron guarda, es un hombre silencioso y taciturno que vive solo, desde que se murió su madre, en esta vieja casa con su padre. Pero hoy están aquí también unos sobrinos y no tiene, como le gustaría, camas libres para invitar al viajero a dormir en su casa.

A cambio de ello, el hijo del *tío* Ezequiel le acompaña hasta el chalet de su otro hermano, un emigrante listo y autodidacta —como tantos otros de esta montaña— que ha hecho fortuna en Asturias vendiendo coches

162

usados, y que, a falta, también, de camas libres (como su hermano, también tiene hoy en casa a unos cuantos familiares hospedados), tiene un enorme garaje en el que guarda, además del coche, el único instrumento de trabajo que utiliza, al parecer, en todo el año: una batería completa con la que, en vacaciones, acompaña a un amigo que toca el acordeón por las fiestas de los pueblos de la comarca.

Junto a la batería, y tras tomar arriba un par de copas con los dueños de la casa y con sus invitados, el viajero se envuelve en unas mantas y se tumba en el suelo a soñar con los ángeles. Aunque sólo hace seis horas que se levantó de la siesta de por la tarde, está ya otra vez cansado.

No necesitará tampoco demasiados esfuerzos para soñar con los ángeles. Con la sombra de Bodón dibujada en la ventana y el tintineo de los platillos que repican encima de él al encontrarse (sólo por su respiración o por darse la vuelta en sueños de vez en cuando) consigue que, en seguida, lleguen a acompañarle —y a ofrecerle una velada musical inolvidable— los duendes de Tolibia y los marcianos, que, en lugar de tener cuernos y rabo y dedicarse a asustarle, tocan y bailan en los platillos y tienen alas con plumas como los ángeles.

SEXTA JORNADA

EL PUERTO DE VEGARADA

Chana y los Reyes Magos

A última hora, y cuando el viajero estaba ya durmiendo, la batida a los lobos fue aplazada (por razones que nadie le ha explicado) y, cuando se despierta, no es todavía de noche, como le habían dicho el guarda y *Judas* el día antes, sino que el sol entra de lleno ya por la ventana del garaje. Son las diez de la mañana y todos en la casa están ya desde hace rato levantados.

—¿Un café? —le saluda, cuando sube a despedirse, la señora de la casa.

—No, muchas gracias —dice el viajero, que, aparte de andar con prisa, quiere ir antes a despedirse de los de *Casa Santiago.*

La despedida consiste en una enorme taza de café con leche y en una rebanada de pan con mantequilla y compota de manzanas hecha en casa que le dejan al viajero preparado para afrontar sin miedo la que, en principio al menos, parece que será la última jornada de su viaje: a partir de Tolibia, apenas le quedan ya cinco o seis pueblos por ver y unos quince kilómetros hasta el alto del puerto de Vegarada.

—Hasta que nos volvamos a ver cuando baje —le dice, despidiéndose, Santiago.

Por la carretera arriba, de nuevo ya en la compañía del Curueño, que ahora corre alegremente entre choperas, sin saber lo que le espera más abajo, el viajero deja atrás *Casa Santiago* y la colina de la escuela en cuyo patio sigue inmóvil, mirando hacia Bodón, la efigie del maestro inmortalizado y, en apenas diez minutos, cubre el kilómetro escaso que separa Tolibia de la capital del valle.

Lugueros, aunque, efectivamente, ha sido desde siempre la capital de los Argüellos y del valle, apenas se distingue de Tolibia, ni del resto de los pueblos de la montaña, salvo en que acoge entre sus viejos edificios los tres únicos capaces de convertir a un pueblo cualquiera en cabecera y capital de una comarca: el ayuntamiento, la casa del médico y el cuartel de la guardia civil, que es el primero que el viajero encuentra, justo antes de las primeras casas. En Lugueros, por lo visto, quieren dejar bien claro desde el principio quiénes son los que mandan en el valle.

Pese a ello, Lugueros es, no obstante, y aun con su condición y todo de capital del valle en cuyo centro alza sus casas, un lugar tan pequeño y despoblado como la mayoría de los que le rodean, ocultos entre los pliegues de las montañas. Salvo Redipuertas y Redilluera, que apenas cuentan ya con uno o dos vecinos en invierno (y el doble, más o menos, en verano), y salvo Villaverde, donde el pasado invierno no quedó ya absolutamente nadie, el resto de los pueblos de la zona apenas bajan mucho —porque tampoco hay margen— de las veinticinco o treinta familias que aún resisten en Lugueros los largos y duros inviernos de la montaña: cinco o seis en Llamazares, ocho o diez en Cerulleda, quince en Tolibia de Arriba y otras veinte o veinticinco en la de abajo. En total, no más de ochenta familias y de doscientos cincuenta o trescientos habitantes, contando a los pastores y a los guardias.

—Y a las vacas —dice *Chana*, el cartero de La Vecilla y de toda la montaña, que acaba de parar su *Land Rover* frente al cuartel para entregarle una carta certificada al cabo—. Debe de ser la orden de cierre —bromea *Chana* con el cabo, mientras éste firma el recibo en el libro de certificados.

La verdad es que ello no tendría nada de extraño. Salvo algún que otro incidente muy aislado —una disputa de pastos o una riña entre borrachos, normalmente en el verano—, y salvo la vigilancia de los ríos y la caza (para la que también están los guardas forestales), nada ocupa prácticamente ya en todo el año a los dos guardias civiles que, junto con el cabo, tienen a su cargo la responsabilidad del orden público en los pueblos de toda esta montaña. Más o menos lo mismo que le ocurre al propio *Chana*, excepto en los dos meses principales del verano.

—Y ni en verano —dice *Chana*, entregándole el periódico a un hombre que se acaba de asomar, a los pitidos del *Land Rover*, a la puerta de la casa que hay al lado—. Si, en vez del cartero, parezco los Reyes Magos...

En efecto. Desde la barandilla del puente, y mientras fuma un cigarro, el viajero observa cómo *Chana* va realizando el reparto y comprueba que no exageraba cuando dijo lo que dijo hace un instante. Por cada carta que entrega, el cartero de La Vecilla cumplimenta cuatro encargos: una hogaza de pan, una revista, un periódico del día, unos medicamentos de la farmacia y hasta un grifo o una bombona de butano que, al no haberlos aquí arriba, alguien le encargó el día antes. Por lo que el viajero ve, con *Chana*, los Reyes Magos llegan a Lugueros —y a toda la montaña— cada mañana.

El ciego de Llamazares

A la izquierda de Lugueros, y siguiendo el camino que nace junto al puente y cruza todo el pueblo entre las casas, está el valle que forma el arroyo Labias, el caudal que desemboca en el Curueño por debajo de Tolibia después de atravesar, de oeste a este y por el centro, las montañas. El arroyo, que el viajero tarda en ver, oculto como baja entre avellanos, es humilde y —en verano— muy escaso, pero, en su corto trayecto, apenas cinco kilómetros desde su fuente a su ocaso, riega huertos y praderas y hasta dos pequeños pueblos que no suman entre ambos la veintena de habitantes: Redilluera y Llamazares.

Llamazares, que es el primero —subiendo por el camino y en número de habitantes— y el que, por razones obvias, atrae más al viajero, no ya desde esta mañana, sino desde que lo vio en el mapa, está a la mitad del valle y hace honor en verdad a lo que, de su nombre, dice el diccionario: *llamazares = terrenos pantanosos*. En efecto. Cuando, hacia las doce de la mañana, el viajero avista al fin, después de recorrer los tres kilómetros que le separan de Lugueros, los primeros tejados de Llamazares, apenas hace una hora que el sol empezó a alumbrarlos. La impresionante altura de Bodón, así como la de las peñas que se alinean por el sur a lo largo de todo el valle, hace que el sol apenas entre en él un par de horas en invierno y no más de cinco o seis en el verano. Lo cual le permite al arroyo Labias bajar siempre, pese a lo corto de su recorrido, con agua suficiente para regar los huertos de Llamazares y aun para encharcarlos, incluso, de vez en cuando.

En cualquier caso, lo que está claro es que, aquí, el sol es un tesoro más preciado que en ningún otro lugar de la montaña:

—¿Ve usted aquella cueva de allí? —le indica con la mano, señalando hacia Bodón, un hombre que está mirándola desde el patio de su casa con prismáticos.

—¿Cuál? ¿La grande? —le pregunta el viajero, que, en su primer vistazo a la peña, ha descubierto ya tres o cuatro.

—La grande, sí, la grande —dice el hombre, apuntándole hacia ella los prismáticos—. Tenga, mire. Cuando el sol la ilumina por dentro, por una especie de ventana que hay encima, es que son las doce en punto del mediodía.

—Pues ahora son las doce y un minuto —le corrige el viajero al de los prismáticos— y sigue más oscura que una tumba.

—Las doce solares —puntualiza, corrigiéndole a él, a su vez, el dueño de los prismáticos—. Que son las dos oficiales y la una por el horario antiguo.

—Y en Canarias —dice el viajero, devolviéndole al hombre los prismáticos y buscando su tabaco en los bolsillos.

Pero la Cueva del Sol (o la Cuevona, como la llaman en Llamazares para distinguirla de las otras tres o cuatro que hay en la Peña Bodón y en las que la circundan) no es la más impresionante ni la de nombre más lírico. La Cueva del Sol (o la Cuevona) es la más conocida —y la que más miran al día las gentes de Llamazares para saber exactamente cuándo es el mediodía—, pero la más imponente es la que se levanta justo enfrente de la peña, a la espalda del viajero y del tejado de la casa que hay encima.

—Mire usted: la Ventanona. Una auténtica maravilla —le dice el de los prismáticos, señalándole una puerta tallada en plena roca y recortada contra el cielo como si fuera un arco de triunfo.

Mientras contempla las cuevas y habla con el de los prismáticos —que se llama Julián y resulta que es hermano de Abilio el de La Braña, que nació aquí, en Llamazares, y aquí vivió hasta casarse—, el viajero comienza a reparar en otro hombre que va y viene paseando por el huerto de su casa, justo enfrente del lugar en el que ellos están sentados. El hombre, de complexión fuerte y aspecto de no ser todavía muy anciano, camina, sin embargo, muy despacio y, cuando da la vuelta, siempre en el mismo sitio, se sacude con cuidado los zapatos en la hierba antes de seguir andando. Pero lo que más le extraña al viajero no es lo despacio que anda. Lo que más le extraña al viajero es el negro senderillo que, de tanto ir y venir, ha ido trazando en la hierba y la cuerda tensada entre dos palos que, al ir y al venir por él, va tocando con la mano.

—Es que es ciego —le explica el de los prismáticos, conmocionando al viajero sólo con la palabra.

—¿Ciego?

—Desde hace un año. El hombre estaba tuerto y, excavando patatas, le saltó una piedra al otro ojo y acabó de desgraciarlo.

Mientras le mira ir y venir de un lado a otro del huerto, y, luego ya, mientras, por el camino arriba, él mismo se aleja de Llamazares, el viajero, que aquí tiene sin duda su origen más primitivo y su cuna y sus raíces más lejanas, mira la Peña Bodón y los hayedos del valle y piensa si, en el fondo, él no será en realidad como el ciego de Llamazares: un hombre solo y abandonado que nunca deja de andar y jamás llega a ninguna parte.

Longevidad

Aunque solos y aquí aislados y olvidados todo el año, como los de Llamazares, los hombres de Redilluera parecen haber hecho, sin embargo, un pacto con el diablo.

Los hombres de Redilluera y, especialmente, las esforzadas mujeres que con ellos compartieron, y aún comparten, la terrible soledad de esta aldea perdida entre montañas.

Redilluera, en efecto, está ya al final del valle, escondida en el recodo que éste forma al pie de la collada que lo separa del de Canseco —ya en la cuenca del Torío y al otro lado de las montañas— y de la peña en que nace, entre saúcos y hayas, el humilde y diminuto arroyo Labias. Redilluera, apenas veinte casas apretadas junto a éste, de las que sólo dos están ya habitadas todo el año, es un pueblo solitario y olvidado que sólo se diferencia de Llamazares en que, aparte de estar más lejos todavía de Lugueros, y de tener muchos menos habitantes, le da el sol algunas horas más al día que a su vecino de valle. Sea por ello, o por la soledad en la que viven las gentes de Redilluera, y por el frío que a lo largo de su historia deben sin duda de haber pasado, lo cierto es que, en algún momento de ella, debieron de hacer un pacto con el diablo, a cambio del cual sus vecinos viven más que en ningún otro pueblo de España. Al viajero se lo había dicho *Chana*, pero lo comprueba ahora por sí mismo en el pequeño cementerio de la aldea, que es la última construcción que existe saliendo por el camino de la collada: Emilia González Alonso, 90 años; Bernardo Cañón Álvarez, 90; Manuela González González, 91; Gregoria Ordóñez González, 91; Emiliana González González, 92; y, en un rincón del fondo y con flores aún frescas a pesar de los años, la más veterana: María González Cañón, muerta el 6 de noviembre de 1946 en Redilluera a la provecta edad de 108 años.

—La más veterana y la más brava —le revela al viajero la única persona que se encuentra, ya de vuelta, por la calle: una mujer ya mayor que está sentada en un patio y que, a juzgar por su aspecto, corre ya también, aunque de lejos, tras el ejemplo y los pasos de la finada—. Con noventa y ocho años —dice—, hizo huir ella sola en desbandada a los *rojos* que bajaron a quemar el pueblo cuando se retiraban hacia Asturias por las montañas.

—¿Ella sola? ¿Y dónde estaban los hombres? —pregunta, ingenuo, el viajero, sin imaginar aún cómo las gastan las hembras de estas montañas.

—En el monte, en Canseco y por ahí arriba —dice la que, según ella misma, fuera en su tiempo vecina de María González—. Nos iban llevando a todos y evacuando los pueblos a medida que avanzaban los *nacionales*. Luego, quemaban las casas y santas pascuas. Pero la *tía* María, que en paz descanse, que, aunque andaba ya al pie de los cien años, conservaba todavía el genio que tuvo siempre y el nervio de la montaña, se negó a marchar de aquí y, como no la iban a llevar a rastras, y a ella le daba igual, ya a su edad, que la mataran, pues acabaron dejándola. Al día siguiente, cuando bajaron los otros a quemar las casas sin saber que aquí había quedado nadie, la *tía* María cogió la escopeta que tenía escondida en casa y salió a la ventana y no dejó de dispararles hasta que se perdieron de nuevo por el alto de la collada. Gracias a eso —concluye con orgullo la señora su relato—, Redilluera fue el único pueblo de toda esta montaña que se salvó de que lo quemaran.

—No me extraña.

—Que no le extraña, ¿el qué? —le preguntó al viajero, también extrañada, la antigua vecina de María González.

—Que, con ese genio, la buena señora viviera tanto —dice el viajero riéndose y siguiendo su camino calle abajo.

Mediodía en Lugueros (con borrasca)

A las dos de la tarde (la una por el horario antiguo y las doce solares), en la cantina de Peña, en Lugueros, el viajero no encuentra ya prácticamente a nadie. A las dos de la tarde (la una por el horario antiguo y en Canarias), en la cantina de Peña, como en la de González, que está al lado, no hay más que un parroquiano y la dueña de la casa.

—Están todos arriba, en la fiesta —le dice la señora del *Bar Peña*, sirviéndole al viajero la cerveza demandada.

—¿Qué fiesta? —pregunta éste, que, como es forastero, debe de ser el único que todavía no se ha enterado.

—La de los pastores, hombre —le explica el hombrecillo que está sentado en un banco con un cayado en la mano.

El hombre, que resulta ser el pastor de Lugueros —y el primero, por tanto, que tendría que estar ya en la fiesta de que hablan— es, sin embargo, uno de los pocos que no sólo no ha subido todavía a Vegarada, que es donde se celebran —junto a la venta del puerto— la comida y el baile, sino que ni siquiera piensa hacerlo por la tarde.

—¿Para qué? ¿Para ver gente con traje? —dice el hombre, mientras apura su vaso de un solo trago.

El pastor, a quien por aquí llaman *Pola* por tener su procedencia en alguna de las Polas asturianas (la de Siero o la de Allande, la de Lena o la de Laviana, eso ya nadie lo sabe) y que duerme en los pajares o en el monte porque no tiene casa —y porque casi siempre está borracho— es, según le contará luego al viajero la señora del *Bar Peña* cuando *Pola* haya marchado, una especie de mendigo o vagabundo que llegó un día a Lugueros y aquí terminó quedándose. La verdad es que *Pola*, que, pese a ser el pastor, es el único del pueblo que no piensa ir a la fiesta que en honor a los de su gremio la gente de estos pueblos hoy les hace (porque no quiere ver, según dice, gente con traje), ha sabido ganarse, pese a sus borracheras —o por la misma indefensión en la que vive por su causa—, el aprecio de todos sus vecinos y del que, como él un día, hoy también viene de paso.

—Y eso, ¿para qué es? —le pregunta el viajero, reparando en el garfio que remata la punta de la estaca que *Pola* trae a modo de cayado.

—¿Esto? Para muchas cosas —dice *Pola*, acercándole el garfio al viajero con una mano mientras, con la otra, apura su segundo vaso—. Para coger los higos de las higueras, para agarrar a las ovejas de las patas, para subir a los árboles... Para muchas cosas, ya le digo, vale este gancho.

—Hasta para perseguir a las chavalas —insinúa con malicia la señora del *Bar Peña* mientras le vuelve a llenar el vaso.

—También. Si hace falta... —se ríe *Pola* con su boca desdentada, blandiendo entre las manos el cayado con el gancho.

Mientras el viajero y *Pola* conversan amablemente al lado de la ventana, a cuyo otro lado espera el mastín que *Pola* tiene para guardar el rebaño, en la cocina del bar ha empezado de repente una borrasca. La señora ha entrado en ella hace tan sólo un instante, después de llenarle a *Pola* por tercera vez el vaso, y, de pronto, sin que el viajero sepa por qué (ni con quién, que es lo más grave), comienza a dar patadas y a gritar como si fuera a matar a alguien. De vez en cuando, entre los gritos de la señora, el viajero alcanza a oír también las voces de una muchacha que, a juzgar por lo que dice, está dispuesta a marcharse hoy mismo de casa.

—Usted ni caso —le dice *Pola* al viajero, bebiendo de un solo trago su tercer vaso—. Es la hija, que anoche andaría de fiesta y hoy estará un poco mala.

—¿Y si se matan? —dice el viajero, preocupado ante la perspectiva de tener que entrar a la cocina a separarlas.

—No se matan, no, estése tranquilo, que no se matan. Y, si se matan —dice *Pola*, levantándose—, que se maten. Usted como si no oyera nada.

En efecto. El viajero le hace caso y, cuando *Pola* se marcha (a tomar, seguramente, el siguiente al bar de al lado), permanece en silencio, sin hacer nada, hasta que, en la cocina, va amainando poco a poco la borrasca. Todavía tendrá que oír, impertérrito e impávido, un par de insultos graves y amenazas —de la madre a la hija y de la hija a la madre—, pero, al final, lo que, a juzgar por los insultos, parecía destinado a acabar en parricidio, queda en agua de borrajas. La hija cruza el pasillo secándose las lágrimas con rabia y la madre vuelve al bar y se pone a limpiar el mostrador como si no hubiera pasado nada.

El viajero, no obstante, paga su consumición —y los vinos de *Pola*, a quien había invitado— y, sin pérdida de tiempo, abandona la cantina, por si acaso.

El gigante de Villaverde

Enfrente del bar de Peña, al otro lado del puente que une el pueblo y el molino (un estrecho y bello puente de tres ojos, de factura medieval y piedras llenas de musgo por el que antaño pasaba el camino que venía, por Canseco y Redilluera, a enlazar los del Curueño y el Torío), el viajero vuelve a encontrar la calzada, que, en el cruce de La Braña, había perdido.

La calzada romana, que, a partir de la presa del trasvase, sube bajo la carretera por la margen derecha del Curueño hasta que, al acabar las hoces, regresa al otro lado y sigue entre las casas de Tolibia valle arriba, marcha ahora por el medio de la vega, convertida nuevamente en camino agropecuario, hasta encontrar, un kilómetro al norte de Lugueros, la bella y solitaria perspectiva de la llamada —en femenino— por la gente de Lugueros Puente Nueva: un nuevo y hermoso puente de factura medieval y perfil en lomo de asno, muy parecido al del pueblo, pero ya prácticamente en desuso al estar, como está ahora, en medio de los prados y apartado de la carretera. Al otro lado del puente, sin embargo, la calzada romana, y, con la calzada, el viajero, regresa una vez más a la margen derecha del Curueño para acabar perdiéndose de nuevo —esta vez ya definitivamente— bajo el asfalto de la carretera, justo al lado del camino que sube hacia Villaverde.

Villaverde de la Cuerna, quizá la más perdida y apartada —y, por ello, la más bella— de todas las aldeas del Curueño (más aún que Arintero o que Valverde), se esconde entre las montañas que rodean por el norte el valle de los Argüellos. El pueblo, acurrucado como está entre las montañas al final de la amplia vega que le da nombre a sus casas y alimento a sus ganados y a sus gentes, es un viejo asentamiento de pastores, hoy ya deshabitado en el invierno, que no se ofrece entero a la mirada del viajero hasta que éste ya ha cubierto tres cuartas partes al menos del estrecho caminillo de herradura que sube, dando curvas y más curvas, hasta el recodo del valle en el que el pueblo está oculto, como un nido de buitres, casi al pie de las estrellas. El viajero, que recuerda todavía los caminos de Arintero y Valdeteja, y el que, subiendo a Valdorria, a punto estuvo de dar por resuelto todo el viaje, sube tranquilo y despacio, contemplando la arboleda que el arroyo que desciende a su derecha va regando y volviéndose a mirar de vez en cuando el hermosísimo anfiteatro que, a medida que sube, va dejando poco a poco a sus espaldas: el valle de los Argüellos, con la Peña Bodón al fondo, visto ahora del revés. Al final, cuando ya llega al pueblo, el viajero, emocionado, no puede menos que sentarse en una piedra del camino, a fumar un cigarro mientras contempla en silencio el magnífico espectáculo que ahora ofrecen Villaverde y sus montañas solamente para él.

—Y, en invierno, para nadie —le dice un gigante rubio, que le recibe a la entrada del pueblo, con los brazos en jarras, cuando por fin llega a él.

El gigante, un hombre fuerte y alto como un castillo y con la voz rotunda y recia como un trueno, dice ser hijo del pueblo aunque viva en Caborana, al otro lado del puerto, y tenga ya, a causa de ello, un fuerte acento asturiano. El gigante, como tantos y tantos de su pueblo, cogió un día la maleta y cruzó las montañas caminando en busca de un lugar menos hermoso que la aldea en que nació, pero más habitable:

—Hasta dos metros de nieve, fíjese usted lo que le digo, vi yo aquí, en Villaverde, de guaje. Que teníamos —dice, volviendo a poner en jarras sus peludos y enormes brazos— que hacer túneles para poder salir de casa y para ir a la cuadra, y los perros ladraban, los pobres, subidos a los tejados. Hasta diez y quince días, fíjese lo que le digo, llegamos a estar aquí encerrados en las casas algún año, cuando yo era chaval, sin saber si afuera era de día o de noche y, lo que era peor, si seguía o no nevando.

—Como en la cárcel —dice el viajero, apoyándose en el borde de la fuente para mojarse la cara.

—Como en la cárcel, sí, señor. Pero con las rejas blancas —dice, riéndose a carcajadas, el gigante.

Poco a poco, mientras el gigante y él hablaban de la nieve en medio de la calle, han comenzado a acercarse varios hombres y mujeres que, como el *choferón* de Caborana —que así se apoda el gigante («por lo grande y por el taxi»)—, aquí pasan el verano. Villaverde está tan lejos, y tan a desmano, que prácticamente nadie debe de subir en todo el año a visitarlo. Sólo el cura de Lugueros cuatro días en verano (la iglesia está caída y sin campanas, que robaron, según dicen los vecinos, los gitanos), el panadero de Lugueros dos días a la semana y el veterinario y el médico cuando les llaman. Villaverde está tan lejos, y tan abandonado y a desmano, que, pese a su belleza, nadie viene a visitarlo en todo el año. Pero, hoy, Villaverde de la Cuerna está de suerte. Aparte del viajero, tiene otros dos visitantes: dos muchachas montañeras que vienen desde Lillo andando por las montañas y que llegan al pueblo justo cuando el viajero está ya a punto de marcharse.

—Buenas —saludan a la gente las dos chicas, acercándose a la fuente a refrescarse.

—Algunas —les contesta con picardía, y en representación de todos sus vecinos, el gigante.

Las chicas, sorprendidas, se sonríen una a otra por lo bajo. Las chicas son de Madrid y están por aquí de paso y no imaginaban quizá que, en este pueblo perdido, pudieran piropearlas:

—Por casualidad, ¿no vendréis buscando un novio guapo? —les pregunta el gigante, guiñándole al viajero un ojo y poniéndose otra vez en jarras.

—Bueno. Si lo encontramos... —le responde, sonriendo, una de las dos muchachas.

—Pero nos conformaríamos mejor —dice la otra, más práctica— si nos dejan un pajar para dormir aquí esta noche y continuar camino mañana por la mañana.

—¿A dónde?

—A Cármenes —dice una de las chicas, enseñándole sus mapas al gigante.

El viajero aprovecha la llegada de las chicas para marcharse. El viajero sabe ya que en Villaverde no hay bar ni lugar alguno donde poder siquiera engañar al estómago hasta por la tarde y aprovecha la llegada de las chicas, y el revuelo que con ella se ha formado, para zafarse discretamente de los vecinos y del gigante.

Cuando se aleja del pueblo, que queda tras él flotando como un sueño en la calima de la tarde, el viajero sigue oyendo todavía, sin embargo, la recia voz del gigante que retumba como un trueno por encima de las casas:

—Bueno. Si queréis, podéis dormir en el mío. Pero sin andar fumando, ¿eh? Y, eso sí: mañana por la mañana, antes de que me levante, recogéis y os vais como si fueseis mujeres malas.

La tierra de «Los bravos»

A partir del cruce de Villaverde, a cuya vera alza sus tiendas un campamento infantil de verano —«Campamento Pelayo», dice una tabla a la entrada, en torno a la que ondean las banderas española y asturiana—, el valle del Curueño empieza nuevamente a encajonarse y la carretera y el río comienzan a subir dando curvas y apretándose para ganar en un kilómetro los más de cincuenta metros en que supera Cerulleda la altitud media del valle. Después del anchurón de los Argüellos, y de la aportación de los tres arroyos —el de las dos Tolibias, el Villaverde y el Labias— que por él vierten al río sus leyendas y sus aguas, el Curueño, él mismo ya un arroyo melancólico y nostálgico, trepa entre las montañas en busca de la ya cercana fuente que lo alimenta y lo alumbra en lo más hondo de las montañas. Antes, sin embargo, el Curueño ha de cruzar —y, con él, un viajero cada vez más solitario y más cansado— Cerulleda y Redipuertas, que son los dos últimos pueblos subiendo por el río a contrapelo de sus aguas.

Cerulleda, que es el penúltimo, es también el más pequeño —aunque no en número de habitantes— de todos los que el viajero ha encontrado hasta el momento a lo largo de su viaje. Cerulleda, apenas quince casas alineadas junto al río, entre el camino y las peñas, que aquí llegan ya a tocarlas, es el pueblo más pequeño del Curueño, y de los más olvidados, pero tiene en su haber, a cambio, dos bellos puentes romanos —uno al inicio del pueblo y el otro donde se acaba— y el honor de haber sido el escenario de algunas de las novelas de Jesús Fernández Santos.

El viajero, que lo sabe —porque lo leyó una vez y

porque se lo confirmó en Lugueros *Chana* esta mañana—, les pregunta a dos señoras ya mayores que contemplan el paso del tiempo sentadas a la puerta de su casa por el autor de *Los bravos*.

—¿Cómo dice?

—Jesús Fernández Santos.

—¿Jesús Fernández Santos? —se interrogan las señoras una a otra como si en Cerulleda hubiera un escritor en cada casa.

—Creo que los que eran de aquí —trata el viajero de aportar más datos— eran sus padres. Pero me parece que él sigue viniendo algunos días en verano cada año.

—¿Y cómo dice que se llama?

—Jesús Fernández Santos —repite el viajero por tercera o cuarta vez, convencido de que ésta tampoco servirá de nada.

Pero, contra lo que pensaba, repetir las preguntas nunca es malo, sobre todo cuando se es forastero y se está de paso.

—¡Ah! —exclama de improviso una de las dos señoras mirando a su compañera como si de repente la hubiera alumbrado un rayo—. Jesús, el del molino. ¿No se apellida Fernández?

—Claro, Jesusín —dice la otra, demostrando con ello una gran confianza—. ¿Uno que escribe en los periódicos y sale por televisión de vez en cuando? —se asegura todavía, pese a ello, la señora, como si en Cerulleda todos fueran escritores y publicaran en los periódicos y aparecieran en la televisión todas las tardes.

—Sí, supongo —dice el viajero, empezando ya a temer que se le haga de noche aquí abajo.

Con las indicaciones de las señoras, y con las que más arriba le da un hombre que viene por la calle con sus vacas, el viajero llega al molino que, según aquéllas y éste, pertenece a la familia de Jesús Fernández Santos. Pero no está. El molino, un minúsculo edificio que se alza sobre el puente y que ha sido no hace mucho restaurado, está cerrado a cal y canto y no parece, a juzgar por su silencio, que haya nadie. Tal vez, el autor de *Los bravos* no ha venido este verano al escenario de sus novelas —y de su infancia— o ya haya vuelto a marcharse. En vista de lo cual, y de que en Cerulleda, como en

Lugueros, tampoco hay dónde comer y de que son ya las cinco y media y él está muerto de hambre, el viajero vuelve donde las dos señoras para ver si le dan un poco de pan con el que acompañar las dos latas que aún conserva en la mochila y con las que, a lo que se ve, no tendrá ya otro remedio que aguantar toda la tarde.

—¿Así? —le dice una de ellas partiéndole con un cuchillo enorme la tercera o cuarta parte, más o menos, de una hogaza.

—Así —dice el viajero, con la boca ya llena de agua.

Pero el viajero aún tendrá que pasar otro trago. Cuando, por educación —que no por hipocresía, que es un pecado de lujo cuando se tiene hambre—, le pregunta a la señora cuánto cuesta el pan que le ha partido (creyendo, evidentemente, que ésta no piensa cobrárselo), el viajero recibe una sorpresa inolvidable:

—Si me da cinco duros —le dice aquélla—, quedamos los dos en paz y hasta sale usted ganando.

Mientras, sentado en el puente, a la vera del camino, como un mendigo de paso, come el pan y las dos latas —que, a falta de arma mejor, ha tenido que abrir con la navaja—, el viajero mira las casas de Cerulleda y a las señoras que siguen a la puerta de la suya mirando pasar el tiempo y a los vecinos y viajeros por delante y recuerda aquella aldea perdida entre montañas, llena de sordos rencores y de viejas rencillas vecinales, a la que un día llegó un joven médico, con la maleta en la mano y toda la ilusión de su carrera por delante, para protagonizar la dura y negra historia de posguerra que Jesús Fernández Santos, que aquí pasó su infancia en esos años, inmortalizó para siempre en las páginas de *Los bravos*.

La escuela de Redipuertas

Redipuertas es el último pueblo del Curueño y el primero, por lo tanto, bajando por el río. Redipuertas es el último pueblo del Curueño, y el más alto, y entre Cerulleda y él —apenas dos kilómetros finales, pero en subida constante—, el viajero empieza a ver, a ambos lados del camino, los postes que se utilizan en el invierno para saber el nivel de la nieve acumulada. No en vano aquí la carretera alcanza ya los 1.307 metros de altitud, según los mapas.

Según los mapas también, en Redipuertas nace, al menos como tal, el río Curueño, después de recibir junto a sus casas el aporte de los tres o cuatro arroyos —apenas hilos de agua— que bajan de los glaciares de Río Pinos y de las torrenteras y escobios del puerto de Vegarada. Lo cual hace de Redipuertas un manojo de arroyuelos y cascadas y un lugar en el que siempre sobra el agua. Incluso en estos días abrasados de un verano en el que, según las noticias, escasea en toda España.

—No beba ahí, hombre. Beba en aquella de arriba, que sale mucho más fresca aunque sea el mismo agua —le aconseja al viajero una señora, indicándole el camino de la fuente que, al decir de los vecinos, mana más fresca que ésta de abajo.

Por fortuna para el viajero, el consejo de la señora le llega tarde. Si en ésta, que es la caliente, el agua sale ya helada, se imagina cómo saldrá en la que le recomendaron.

—No, hombre, no. Qué va a estar fría —se empeña todavía la señora, pese a que al viajero el agua le ha traspasado los dientes y le ha dejado la lengua, durante unos segundos, virtualmente congelada.

—Lo que usted diga, señora.

Lo que la señora dice, mientras el viajero se repone del *shock* del agua —reanimándose, para ello, la lengua con un cigarro—, es que este pueblo perdido, del que es natal la que habla («aunque sólo vivo aquí por el verano»), fue una próspera aldea de montaña —como, en efecto, le demuestran al viajero la factura y consistencia de sus casas— que llegó a tener treinta vecinos y doscientos habitantes de los que, hoy, ya sólo aguanta uno que se llama Primitivo y que es el único que se queda aquí en invierno cuidando el pueblo y sus vacas.

—Y, algunos años, ni él. Que, como cargue mucho la nieve, también marcha con las vacas para abajo —le confía al viajero la señora, señalándole la casa del citado.

—¿Y aquello? —se interesa el viajero por un bulto

ensangrentado que cuelga de dos argollas en el patio delantero de la casa.

—Una oveja. La mordió el lobo en el lomo —le explica la señora— y tuvieron que matarla.

Junto a la fuente de Redipuertas (la de abajo, que a la de arriba el viajero ni siquiera se acercó a tocar el agua), la carretera salva un arroyo y se aleja poco a poco, monte arriba, entre las casas. La mayoría de ellas están ya, pese a la solidez de sus muros, completamente arruinadas. Recias paredes y piedras de cantería sostienen todavía a duras penas, a veces únicamente, el orgullo y el peso del recuerdo de lo que alguna vez fue una casa. Viejas casonas —algunas todavía con el año de su fecha grabado en piedra viva en la fachada— hablan más de lo que fue Redipuertas que de lo que hoy es este triste y desolado cementerio en el que, a partir de octubre, queda sólo Primitivo con sus vacas. Pero, más que en las casonas y en sus muros arruinados, más aún que en los corrales y en las callejas vacías y abandonadas —y comidas por el musgo y las ortigas de los años—, es en la escuela donde el viajero ve la ruina y el destino inevitable de este pueblo solitario y olvidado entre montañas: la sólida e imponente construcción de piedra vista y tejado de pizarra a cuatro aguas que es el último edificio de la aldea y del Curueño —y el primero, por lo tanto, de León, que, al bajar de Vegarada, avistan los asturianos— es hoy ya, sin niños que acoger en sus pupitres ni maestro que pasee por sus aulas, un establo gigantesco en el que ahora sestean, entre el abono y las moscas, treinta o cuarenta caballos.

Nace el Curueño

Junto a la escuela de Redipuertas, la carretera y el Curueño se separan, esta vez ya para no volver más a encontrarse. La carretera sigue hacia el puerto por la ladera de la montaña y el río busca su fuente serpenteando como una vena entre los últimos chopos y praderas de su valle. El viajero lo mira mientras se aleja de él trepando monte arriba por la cuesta y no puede menos que sentir una extraña sensación de orfandad y de tristeza: después de tantos días caminando por su orilla, después de tantos kilómetros recorridos a su lado, ha llegado por fin el momento de separarse. Mientras el viajero sube, cansado ya del camino y de tantos días solo caminando, hacia el alto del puerto que marca en el horizonte el final de su camino y de su viaje, el río continúa por su lado, buscando entre los caballos y entre los bosques de hayas que bajan a beber hasta sus aguas ese prado mitológico y lejano en el que, según la leyenda, tiene su fuente de sangre.

Atrás quedan, tras las montañas azules que el viajero va dejando a sus espaldas, cuarenta y cuatro kilómetros de curso vertical y casi siempre solitario, varios desfiladeros, una hoz cortada en roca viva por sus aguas, un sinfín de arroyuelos y cascadas y diez o doce valles sucesivos, unos más escondidos y otros más grandes, en los que asientan sus piedras las treinta y tres mínimas aldeas y las tres o cuatro ventas y posadas que se reparten desde hace siglos la fantástica belleza y la pobreza de su cauce y sus montañas. En torno a ellas, y a las escasas gentes que las habitan desde que sus primeros antepasados se establecieron aquí hace ya miles de años —gentes pobres y calladas, hombres con el corazón cansado de tanto trabajar y caminar por las montañas y mujeres con el alma traspasada por la nieve que cae sin compasión en el invierno sobre estos altos valles solitarios—, ha ido poco a poco surgiendo una cultura que el río ha alimentado con sus aguas y los hombres muchas veces con su sangre. Una cultura de nieve, vieja como los árboles, que el río Curueño arrastra poco a poco hacia el olvido lo mismo que ahora el viajero su soledad entre los arándanos. Una cultura de piedra —a la que él pertenece y a la que no ha renunciado— y de bosques solitarios y animados como aquel de allá arriba en el que Curienno nace para correr, como ahora hacen los caballos por su cauce, en busca de la sombra mitológica de Polma, que en las verdes choperas de Ambasaguas está ya, desde hace siglos y milenios, esperándole.

La fiesta de los pastores

Desde un kilómetro antes, el viajero empezó a oír ya los jirones escarchados de la música, pero, hasta avistar la venta, no ve el prado en el que tocan, rodeados por la gente, los dos músicos. Desde un kilómetro antes, la noche ya sobre el puerto, el viajero empezó a oír las voces de los que bailan al ritmo de un acordeón y de una inconfundible batería, pero, hasta que llega a la venta, no consigue distinguir los rostros de los danzantes y de los músicos.

En lo alto del puerto de Vegarada, a los pies de la venta que un día fue casa de arrieros y hoy es ya sólo temporal hospedería para los pastores y los vaqueros que en verano suben al puerto con sus vacas y sus hatos de merinas —y en él pasan los tres meses en los que el tiempo resiste—, un centenar de personas, muchas de ellas con abrigo, bailan al son de la música que interpretan, con más voluntad que acierto, el hijo del *tío* Ezequiel y su inseparable amigo de verbenas y aventuras. «*La Caliza*» se llama el dúo, haciendo honor a las peñas que rodean la pradera de la venta y desde las que estarán mirándoles ahora, atraídos por los ecos de la música, los lobos y los rebecos que lograron escapar a las últimas batidas del verano y a las trampas de los pastores y los furtivos. Dentro de la venta, en cambio, en torno al viejo mostrador sobre el que tantas noches los pastores del puerto le habrán contado al ventero sus miedos y soledades mientras, afuera, la nieve caía bajo la niebla ocultando poco a poco las montañas, los hombres beben y ríen y cantan abrazados, ajenos por completo a la amenaza de la nieve y a los aullidos de los lobos que ya empiezan, como la flor de la urz, a acercarse. Hoy es la fiesta de los pastores, la fiesta de despedida del puerto y de los amigos hasta el próximo verano, y todos están contentos y, como el propio viajero, sin saber muy bien por qué, anticipadamente nostálgicos:

—Beba, hombre, que se acaba el verano.

Que se acaba el verano. Mientras la noche cae, como una sombra más, sobre la venta de Vegarada y las bombillas de los músicos iluminan tenuemente la vieja casa del puerto en la que hasta no hace mucho tiempo todavía hubo también una ermita y, en la ermita, una campana que los venteros tocaban para orientar entre la niebla a los viajeros, el que cruzó el Curueño —aunque nadie lo sabe— bebe y canta con los pastores y, cuando regresa afuera, baila con una muchacha que es rubia y tiene los ojos verdes y lleva, por todo adorno, una rama de urz en el pelo.

ÍNDICE

187

TERCERA JORNADA

CAMINO DE SAN FROILÁN

CUARTA JORNADA

LAS HOCES DE VALDETEJA

Impreso en el mes de septiembre de 1990
en Romanyà/Valls
Verdaguer, 1
Capellades
(Barcelona)